„Der Tote ist auch selber schuld."

Zum 50. Jahrestag der Ermordung von Ernst Kirchweger

Mit einem Beitrag über Rechtsextremismus und Populismus heute

GLOBUS VERLAG WIEN

Impressum:
Herausgeberin: Kommunistische Partei Österreichs, Drechslergasse 42, 1140 Wien
http://www.kpoe.at

Redaktion: Michael Graber, Manfred Mugrauer
Grafik: Christiane Maringer
© bei den Autoren
Bildnachweis: Zentrales Parteiarchiv der KPÖ, Bildarchiv
Eigenvervielfältigung

Wien 2015
Globus-Verlag
ISBN 978-3-9503485-3-8

Inhaltsverzeichnis

Vorwort   S. 5

Michael Graber:
Die Affäre Borodajkewycz   S. 7

Manfred Mugrauer:
Ernst Kirchweger   S. 21

Rudi Burda:
Kirchweger-Lied   S. 30

Siegfried Sanwald:
Der Prozess gegen Gunther Kümel   S. 33

Walter Baier:
Rechtsextremismus und Populismus heute   S. 45

Vorwort

In diesem Jahr jährt sich die Befreiung Österreichs von der faschistischen Fremdherrschaft zum siebzigsten Mal. Vor 60 Jahren erhielt Österreich den Staatsvertrag, der die volle Souveränität des Landes wieder herstellte, aber neben anderen Verpflichtungen auch die Verpflichtung des Staates festschrieb, gegen alle faschistischen und neofaschistischen Tendenzen vorzugehen.

Der Monat März wiederum spielt in der jüngeren Geschichte Österreichs eine besondere Rolle: Im März 1938 marschierten die Hitler-Truppen in Österreich ein, beseitigten die Selbstständigkeit des Landes und verwandelten es in eine faschistische „Ostmark". Ende März 1945 überschritt die Rote Armee in ihrem Siegeszug gegen die faschistischen Armeen die österreichische Grenze. Wenige Tage später folgte die Befreiung Wiens und schließlich des ganzen Landes. Diese Ereignisse sind im öffentlichen Bewusstsein festgeschrieben.

Weniger bekannt ist der März 1965. Am 31. März 1965 demonstrierten in Wien Tausende gegen die antisemitischen Ausfälle eines ehemaligen Naziprofessors, der seit 1955 wieder an der damaligen Hochschule für Welthandel, der heutigen Wirtschaftsuniversität, lehrte. Die Demonstration stieß hinter der Oper auf einen Trupp deutschnationaler und neofaschistischer Studenten, die diesen Professor namens Taras Borodajkewycz mit Rufen wie „Hoch Boro" und „Hoch Ausschwitz!" lautstark und zum Teil gewalttätig unterstützten.

Nach wenigen Minuten lag ein älterer Mann auf der Straße, von einem Schläger des Rings Freiheitlicher Studenten niedergeschlagen: der Kommunist Ernst Kirchweger. Kirchweger starb zwei Tage später ohne das Bewusstsein wiedererlangt zu haben. Der Täter – Gunther Kümel – wurde wegen „Notwehrüberschreitung" zu zehn Monaten Gefängnis verurteilt, die durch die Untersuchungshaft abgebüßt waren.

Die Trauerkundgebung für Ernst Kirchweger am 8. April 1965 gestaltete sich zur größten antifaschistischen Manifestation nach 1945, an der etwa 20.000 Menschen teilnahmen. Kirchweger war das erste Opfer des Neofaschismus in Österreich in der Zweiten Republik. 50 Jahre danach erinnert die KPÖ mit der vorliegenden Broschüre an die damaligen Ereignisse, nicht nur weil Ernst Kirchweger einer der ihren war, sondern auch als Mahnung gegen heutige gefährliche Entwicklungen an rechtsextremer und rassistischer Politik und Gewalt nicht nur in Österreich, sondern in ganz Europa, wo die neue Rechte teilweise im scheinbar „gutbürgerlichen" oder populistischem Gewand daherkommt.

Mirko Messner
Bundessprecher der KPÖ

Die Affäre Borodajkewycz

Michael Graber

20 Jahre nach der Befreiung vom Faschismus gab es in Österreich noch immer oder schon wieder eine Neonazi- und Rechtsextremistenszene. Diese rekrutierte sich aus dem nach wie vor bestehenden deutschnationalen Milieu in und um die FPÖ, die als Nachfolgepartei des „Verbandes der Unabhängigen" (VdU) gegründet wurde. Der VdU wiederum war eine Partei ehemaliger Nazifunktionäre, die im Einverständnis mit den damaligen und heutigen Regierungsparteien ÖVP und SPÖ vor der Nationalratswahl 1949 gebildet wurde. Beide Großparteien hofften, dass dieses Auffangbecken der „Ehemaligen" der jeweils anderen Regierungspartei Stimmen wegnehmen werde. Schließlich verloren beide Stimmen und Mandate an den VdU. Der Opportunismus der beiden führenden Parteien gegenüber den ehemaligen Nazis begann allerding bereits unmittelbar nach 1945 im Zuge der „Entnazifizierung", die überwiegend zu einer bürokratischen Pflichtübung unter Aufsicht der Besatzungsmächte wurde und nicht zu einer wirklichen demokratischen und ideologischen Erneuerung weiter Teile der österreichischen Gesellschaft führte.

Ein besonderes Feld dieser restaurativen Weichenstellungen waren die Universitäten und Hochschulen. Diese bildeten bereits in der Ersten Republik nicht nur einen Hort der Reaktion, sondern auch ein wesentliches Rekrutierungsfeld der Nazis in Österreich. Antisemitische Ausschreitungen der deutschnationalen Burschenschafter gegen jüdische Studierende und Professoren waren in den 20er und 30er Jahren des vorigen Jahrhunderts an der Tagesordnung. Und es gab auch Tote. Der nationalsozialistische Studentenbund war bereits vor der Machtübernahme der Nazis die stärkste politische Formation unter den Studenten.

Im letzten Studiensemester vor der Befreiung, dem Wintersemester 1944/45, gehörten über zwei Drittel des Lehrkörpers der NSDAP an. Das waren überwiegend keine Mitläufer, sondern insbesondere in den Geisteswissenschaften aber auch an den medizinischen Fakultäten Propagandisten der NS-Ideologie, „Rassentheoretiker" und Profiteure der Vertreibung der jüdischen Wissenschaftler. Unter diesen Umständen gelang es vielen Naziprofessoren ihren Posten mit dem Argument zu behalten, dass ohne sie der Betrieb dieses oder jenes Instituts oder Fakultät zusammenbrechen würde, da kein Ersatz zur Verfügung stand. Um exilierte Wissenschaftler bemühte man sich nicht. Studenten mussten während des Krieges vom Wehrdienst befreit werden, was unter diesen Bedingungen schon eine entsprechende Auslese voraussetzte. Diese ehemaligen NS-Studenten überstanden die Überprüfung durch die Entnazifizierungskommissionen meist nicht zuletzt aus Rücksichtnahme auf ihre Jugend, um ihnen so eine zweite Chance zu geben.

So blieben der Korpsgeist und der elitäre Standesdünkel in großen Teilen des Lehrkörpers aber auch unter den Studenten erhalten. Unter dem Deckmantel der Hochschulautonomie und durch die Aufrechterhaltung des Bildungsprivilegs reproduzierten sich diese Verhältnisse. Kein Wunder, dass die Universitäten und Hochschulen auch in den ersten Jahrzehnten der Zweiten Republik Tummelplatz und Rekrutierungsfeld reaktionärster Kreise der österreichischen Gesellschaft blieben.

Die Hochschulen nach 1945 – gescheiterte Entnazifizierung

Bereits im Herbst 1946 kam es anlässlich der ersten Wahlen zur neu gegründeten Österreichischen Hochschülerschaft (ÖH) zu schweren Auseinandersetzungen zwischen Nazis und antifaschistischen Studenten. Bei Wahlversammlungen wurden sozialistische und kommunistische Studierende niedergeschrien. „SS-Männer, Ritterkreuzträger, und kriegslüsterne Rufer werden mit Beifall empfangen, KZler hingegen will man mit Gejohle und Pfeifkonzerten zum Schweigen bringen, österreichische Freiheitskämpfer nennt diese Menge Feiglinge und der Militarismus jeglicher Art feiert fröhliche Urständ", schrieb dazu die Zeitung der sozialistischen Hochschüler. Sogar die US-Besatzungsmacht musste registrieren, dass die Entnazifizierung nur einen kleinen Teil der Nazis erfasst hatte, denn „ex-Nazis, ex-officers and pan-Germans were present in large numbers among the students, and they felt themselves sufficiently secure to make occasional minor demonstrations", hieß es in einem internen Bericht über diese Provokationen.[1] Dass sich diese Nazistudenten „genügend sicher" fühlen konnten, war nicht zuletzt der Haltung der Universitätsbehörden vom Rektorat abwärts zuzuschreiben.

Ende November 1946 kam es, nachdem die Naziprovokationen an der Universität Wien öffentlich geworden waren, zu Protestversammlungen in Wiener Industriebetrieben und am 22. November, dem Tag der ÖH-Wahl, zu großen Aufmärschen Wiener Arbeiter vor der Universität mit der Forderung, die Faschisten zu entfernen. Mit der gleichen Forderung äußerte sich der Bundesvorstand des

---

1 Christian H. Stifter: *Zwischen geistiger Erneuerung und Restauration. US-amerikanische Planungen zur Entnazifizierung und demokratischen Reorientierung und die Nachkriegsrealität österreichischer Wissenschaft 1941–1955*. Wien u.a. 2014, S. 453.

Österreichischen Gewerkschaftsbundes, und der damalige Floridsdorfer Bezirksvorsteher und spätere Wiener Bürgermeister und Bundespräsident Franz Jonas (SPÖ) sagte: „Wir versichern unseren Genossen an den Hochschulen: wenn ihr einmal im Kampf gegen die Masse der früheren Faschisten nicht mehr weiter könnt, dann ruft die sozialistischen Arbeiter – sie werden kommen." In den Medien wurden die Demonstrationen, bei denen es auch zu Schlägereien mit Nazistudenten und zu einigen Verletzungen und Verhaftungen gekommen war, als rein kommunistischer Aufmarsch denunziert.

Nachdem die Ereignisse nicht nur in Österreich, sondern die Präsenz der Nazis an den Hochschulen auch im Ausland Beachtung gefunden hatten, erklärte Bundeskanzler Leopold Figl (ÖVP), man hätte ohnehin bereits 800 Universitäts- und Hochschulprofessoren entlassen. Tatsächlich waren es im September 1946 aber nur 273. In Wien gab es zum Zeitpunkt der Befreiung 246 Professoren, darunter 180 NSDAP-Mitglieder oder Anwärter.[2]

An der Hochschule für Welthandel wurde 1947 ein Naziprofessor statt – wie von der Entnazifizierungskommission vorgesehen – ausgeschieden, sogar zum Rektor ernannt. Viele Nazistudenten und ehemalige Offiziere der Hitlerarmee wurden nur befristet relegiert und konnten nach relativ kurzer Zeit wieder weiterstudieren. Auch ehemalige, schon vor 1938 illegale Nazis wurden nach ihrer Entfernung wieder in den Hochschulbetrieb aufgenommen, ohne sie im Vorlesungsverzeichnis zu erwähnen.

1953 wurde erstmals der *Ring Freiheitlicher Studenten* (RFS) zu den ÖH-Wahlen zugelassen. Die rechtsextremen und deutschnationalen Studenten, deren Stimmen bis dahin zum Teil den konservativen, der ÖVP nahestehenden Wahlparteien zu Gute kamen, erhielten damit eine legale Plattform. So erhielt der RFS 32 Prozent der Stimmen, ein Prozentsatz, der bis in die 1960er Jahre anhielt und damit die Fortsetzung des Einflusses ehemaliger Nazis, Deutschnationaler und sonstiger Rechtsextremisten, Antisemiten und Neonazis auch unter den nachfolgenden Studentengenerationen offen dokumentierte.

Die Zäsur: Der Skandal wird öffentlich

Aber 1965 gab es eine Zäsur. Es war die Affäre um den ehemaligen Naziprofessor Taras Borodajkewycz, die die offene deutschnationale und rechtsextremistische Hegemonie an den Hochschulen und Universitäten ins Wanken brachte. Borodajkewycz hatte seit dem Jahr 1955 am Institut für Wirtschafts- und Sozialgeschichte an der Hochschule für Welthandel eine Professur inne. Er gehörte zu

---

2 Ebd., S. 474.

den „minderbelasteten" Naziprofessoren und wurde deshalb wieder zur Lehrtätigkeit zugelassen, obwohl er seit 1934 der bis 1938 illegalen NSDAP in Österreich angehört hatte (Mitgliedsnummer 6.124.741). Seit 1935 war er Mitarbeiter des NS-Nachrichtendienstes, Mitarbeiter des „Kulturreferats" der SA und dann auch Schulungsleiter der SS. Als Beamter im Haus-, Hof- und Staatsarchiv wurde er 1940 Dozent an der Universität Wien und war von 1943 bis zum März 1945 Professor an der (deutschen) Universität Prag. Es war schon bezeichnend für die Art der Tätigkeit der Entnazifizierungskommissionen, einen derart schwer belasteten Nazi als „minderbelastet" einzustufen. Wie zum Hohn bekannte sich Borodajkewycz danach öffentlich zu seiner Laufbahn, die er „freiwillig eingeschlagen" hatte, im Unterschied zu jenen, die behaupteten, zur Mitgliedschaft in der Nazipartei gezwungen worden zu sein.

Wegen seines katholischen Hintergrunds – Borodajkewycz trat 1933 der CV-Verbindung *Norica* bei und war 1933 Sekretär des „Allgemeinen Deutschen Katholikentages" – hatte er auch nach 1945 gute Kontakte zu führenden Politikern der ÖVP. Diese lud im Mai 1949 ehemalige Nazifunktionäre, darunter auch Borodajkewycz, zu Geheimgesprächen über eine Integration dieser Leute in die ÖVP ein. Diese Verhandlungen sind als „Oberweiser Konferenz" in die Geschichte eingegangen. Die SPÖ versuchte damals das gleiche. Noch 1965 ätzte Borodajkewycz in einem Brief an den Rektor, wäre er seinerzeit in den Bund Sozialdemokratischer Akademiker (BSA) eingetreten, wie viele ehemalige Nazis, so wäre sein Dasein wohl ungestört geblieben und er wäre er längst Ordinarius geworden.[3]

Das Wirken Borodajkewycz' wurde zur öffentlichen Affäre, nachdem im April 1962 der damalige Funktionär der sozialistischen Studenten und heutige Bundespräsident Dr. Heinz Fischer, in einem Artikel in der SPÖ-Zeitschrift *Zukunft* schrieb: „An der Hochschule für Welthandel wird die demokratische Gesinnung den Studenten unter anderem von Professor Taras Borodajkewycz beigebracht, der unter Schuschnigg Katholikentage organisierte, aber 1938 sofort zum Naziregime überging und der jetzt – akademischer Lehrer und Vorbild sein soll."

In einer 1966 von Erich Schmidt und Albrecht K. Konecny herausgegeben Schrift über den Kampf gegen den ehemaligen Naziprofessor heißt es dazu: Borodajkewycz „fühlte sich beleidigt –, ich kann mir das als Staatsbeamter nicht leisten'- und klagte. Er hatte es ja immer schon mit der Pflichterfüllung betont ernst genommen. Als das Unterrichtsministerium alle Schulen in einem Erlass anwies, den zeitgeschichtlichen Unterricht zu intensivieren, beeilte sich Borodajkewycz, eine Vorlesungsreihe über deutsche und österreichische Geschichte der

---

[3] Heinz Fischer: *Einer im Vordergrund: Taras Borodajkewycz. Eine Dokumentation.* Wien u.a. 1966, S. 95.

letzten 50 Jahre anzusetzen. Allerdings aus einem ganz bestimmten Blickwinkel: weil nämlich Leisers Film ‚Mein Kampf', seiner Meinung nach, ‚die Dinge verzerrt und einseitig sieht', wollte er ‚mit Geschichtsfälschungen und antideutschen Emigrantenressentiments' aufräumen."[4] Diese Vorlesungsreihe begann im Wintersemester 1961, die auch der sozialistische Student und spätere Minister in den Regierungen Kreiskys und Vranitzkys, Ferdinand Lacina (SPÖ), besuchte und den Inhalt in Stichworten notierte.

Der Naziprofessor, großdeutsch und antisemitisch

Am 1. Dezember 1961 – es ging um die Gründung der Weimarer Republik – war dieser Mitschrift zufolge die Rede vom „jüdischen" Staatsrechtslehrer Hugo Preuß, der die Weimarer Verfassung entworfen hatte, und vom „jüdischen" Mandatar Karl Liebknecht, von der „jüdischen Suffragettin und Massenaufpeitscherin" Rosa Luxemburg. Ihre Mörder waren laut Borodajkewycz das „herrliche deutsche Freikorps, das den Osten – das Baltikum – vor der bolschewistischen Gefahr bewahrt hat". Wenn von „Juden" die Rede war legte er, so ein Augenzeuge, Kunstpausen ein, worauf die Studenten öfters in Gelächter ausbrachen. Später begründete Borodajkewycz die Erwähnung und Betonung der jüdischen Herkunft von Persönlichkeiten darunter auch die „Herkunft von Karl Marx aus dem Rabbinertum" mit seiner „wissenschaftlichen Genauigkeit".

Erwähnte er im März 1965 den gegen ihn prozessierenden SPÖ-Anwalt Dr. Wilhelm Rosenzweig bei einer Pressekonferenz in Anwesenheit von etwa 200 „seiner" Studenten, gab es prompt Gelächter, und er provozierte das antisemitische Gelächter zusätzlich, indem er zynisch meinte, er könne ja nicht sagen, dass Herr Kelsen (der Verfasser der österreichischen Verfassung, Anm.) Israeli war, weil damals der Staat Israel noch nicht existiert habe. Vor Gericht sagte Borodajkewycz, er habe in seinen Vorlesungen entweder von „Hans Kelsen, der eigentlich Kohn hieß" oder vom „Juden Hans Kohn" gesprochen.[5] Kelsen, der seit seiner Emigration in den USA lebte, wurde von der Uni Wien anlässlich des 600 Jahre Jubiläums nach Wien eingeladen. Er reagierte nach den Ausfällen Borodajkewycz mit einer Absage. Erst als ihn die Regierung einlud, ließ er sich umstimmen.

Neben der Bedienung des Antisemitismus seiner Hörer war es ihm in seinen Publikationen ein besonderes Anliegen die „Haltung derjenigen, die dem NS-Eroberungskrieg ablehnend gegenüberstanden und nur in der militärischen Nie-

---

4　Erich Schmidt/Albrecht K. Konecny: „Heil Borodajkewycz!" Österreichs Demokraten im Kampf gegen Professor Borodajkewycz und seine Hintermänner. Wien, München 1966, S. 6.
5　Heinz Fischer: Einer im Vordergrund, S. 97ff.

derlage Deutschlands die Möglichkeit der Wiedererrichtung von Unabhängigkeit, Freiheit und Demokratie sahen, als ‚Feigheit, Fahnenflucht und Verrat' zu bezeichnen", wie eine gegen die Klage von Borodajkewycz gerichtete Verteidigungsschrift aus der 1956 erschienenen Zeitschrift *Die Aktion* zitierte. Und natürlich gehörte zu seinen Spezialitäten „das Geflunker von der österreichischen Nation", die er „zu den unerfreulichsten Überresten des an Gesinnungs- und Würdelosigkeit reichen Jahres 1945" bezeichnete. Es entstamme „derselben moralischen und geistigen Haltung, die die Besatzungsmächte als Befreier feierte".

Heinz Fischer verlor zunächst den von Borodajkewycz angestrengten Prozess und wurde zu einer Geldstrafe verurteilt, weil er den Autor der Mitschriften, des wichtigsten Beweismittels, nicht nennen konnte. Lacina hatte damals sein Studium noch nicht abgeschlossen, und Borodajkewycz hatte mit Disziplinarmaßnahmen gegen jene Studenten gedroht, die gegen ihn aussagten, wobei er sich des Rückhalts der Hochschulbehörden sicher sein konnte. Auch als der Skandal bereits einer breiten Öffentlichkeit bekannt geworden war und es zu parlamentarischen Anfragen kam, weigerte sich das zuständige Professorenkollegium Borodajkewycz zu suspendieren. Unterrichtsminister Theodor Piffl-Percević (ÖVP) erklärte, er würde Borodajkewycz nicht suspendieren, selbst wenn er die Befugnis dazu hätte. Er hatte sie entsprechend der österreichischen Verfassung.

Ein Artikel Borodajkewycz' in einer deutschen Zeitschrift in dem er neuerlich sein großdeutsches Geschichtsbild darlegte, führte im Jänner 1965 zu einer parlamentarischen Anfrage von Abgeordneten der SPÖ an den Unterrichtsminister, die mit der Aufforderung endete: „dass raschest Maßnahmen getroffen werden müssen, zu verhindern, dass ein Mann, der sich selbst derart disqualifiziert hat, […] als Lehrer und Erzieher an einer österreichischen Hochschule tätig ist und damit unsere demokratische Republik im allgemeinen und unsere Hochschulen im besonderen schwer in Misskredit bringt."

Den Rahmen parlamentarischer Auseinandersetzung sprengte schließlich die Fernsehsendung des Kabarettistenpaares Gerhard Bronner und Peter Wehle „Zeitventil": Sie brachten ein fiktives Interview mit Borodajkewycz. Die Fragen waren fiktiv, die Antworten allerdings Originalzitate des Professors.

Borodajkewycz' Gefolge greift zur Gewalt

Borodajkewycz antwortete am 23. März 1965 mit der schon erwähnten Pressekonferenz in der Hochschule für Welthandel, an der seine studentische Gefolgschaft – über 200 Personen – ihn feiernd teilnahm. Die gespenstische Atmosphäre, die antisemitischen Lacher und Bemerkungen, die sonstigen Rechtfertigungen und Reminiszenzen über seine Nazivergangenheit wurden von den Medien, u.a. auch vom österreichischen Fernsehen, berichtet und empörten eine breite Öffentlichkeit. Es kam zu zahllosen Aufrufen und Aufforderungen Borodajkewycz zu entfernen. Auf Antrag des kommunistischen Gemeinderates Josef Lauscher beschloss der Wiener Gemeinderat am 26. März gegen die Stimmen der FPÖ eine Resolution, in der gefordert wurde, „dass die Universität und die anderen Hochschulen in Wien alles daran setzen, um den Ungeist des Nationalsozialismus, des Antisemitismus und des Großdeutschtums [...] endlich zu beseitigen".

Schließlich kam es zum Aufruf der überparteilichen „Österreichischen Widerstandsbewegung" und eines „Antifaschistischen Studentenkomitees" sozialistischer, katholischer und kommunistischer Studierender für eine Demonstration am 31. März für die Suspendierung von Borodajkewycz. Es war bereits die zweite Demonstration binnen weniger Tage. Für die *Vereinigung demokratischer Studenten* (VDS), in der sich damals die kommunistischen StudentInnen sammelten, gehörte Toni Scholl diesem Studentenkomitee an.

Die Demonstration nahm bei der Technischen Universität ihren Ausgangspunkt. Über 5000 Menschen marschierten über die Opernkreuzung zur Albertina. Von Anfang an waren Störtrupps der Nazistudenten unterwegs. Bereits bei der TU erfolgten erste Provokationen. Den Rufen „Heil Boro", „Proleten raus" und antisemitischen Beschimpfungen folgten erste Wurfgeschosse. Der „Kurier" schrieb am nächsten Tag: „Ähnlich wie am Montag hatten die Anhänger des Professors versucht, die Straßendemonstration durch Sprechchöre, mit Wurfgeschossen, Böllern und Stinkbomben zu behindern oder zu sprengen". Die Demonstration bewegte sich weiter über die Kärntnerstraße, Graben, Kohlmarkt, zum Minoritenplatz, wo sich das Unterrichtsministerium befindet, und über den Ring zum Denkmal der Republik. Hinter der Oper kam es zu dem folgenschweren Zwischenfall. Ernst Kirchweger, der wie viele andere Kommunistinnen und Kommunisten dem Demonstrationsaufruf gefolgt war, wurde von dem Angehörigen des RFS und Funktionär der FPÖ, dem polizeibekannten und wegen Sprengstoffattentaten verurteilten Gunther Kümel durch einen Faustschlag niedergeschlagen und so schwer verletzt, dass Kirchweger zwei Tage später 67-jährig starb ohne das Bewusstsein wiedererlangt zu haben.

Im Leitartikel der *Volksstimme*, dem Zentralorgan der KPÖ, schrieb Franz Marek die Demonstration resümierend: „Es ist ein Zufall und doch ein Symptom, dass der schwerverletzte Kirchweger [...] ein Kommunist ist. In der Einsatzbereitschaft gegen den Faschismus hat der landesübliche Proporz niemals gegolten. [...] Und dies gehört mit zur Bilanz der Straßendemonstration: Die Frechheit der aus der Steiermark verstärkten Rollkommandos ist ein Ergebnis der Gesinnungslosigkeit der führenden Kräfte unseres Staates, des jahrelangen Liebeswerben um die Gunst der Nazistimmen, das in beiden Regierungsparteien zur Preisgabe antifaschistischer Grundsätze und patriotischer Prinzipien geführt hat. [...] Junge Sozialisten und Katholiken rufen ihre älteren Parteifreunde zur Besinnung. [...] Diese jungen Österreicher sind es auch, die vor der ganzen Öffentlichkeit den Fall Borodajkewycz als Symptom der Lage auf den Hochschulen aufgezeigt haben. Sie lassen sich auch nicht mit dem Hinweis auf die Autonomie der Hochschulen abspeisen. [...] Autonomie der Hochschulen – das bedeutet heute, dass die diversen Borodajkewycz sich immer wieder einen neuen Borodajkewycz als Kollegen auswählen können. Sigmund Freud und Lise Meitner haben es an der Wiener Universität nie so weit und so hoch gebracht wie Taras Borodajkewycz. [...] Deshalb ist der Fall Borodajkewycz ein Prüfstein für die Entwicklung in Österreich geworden."

Der Zentralausschuss der Österreichischen Hochschülerschaft mit dem damaligen Vorsitzenden Hans Peter Thiel erklärte wenige Tage nach der Demonstration, die ÖH sei zwar zutiefst bestürzt darüber, dass im Zuge dieser Demonstrationen ein Mensch den Tod gefunden habe, müsse sich aber zum gegenwärtigen Zeitpunkt jeder Stellungnahme zur Person von Professor Borodajkewycz enthalten, „um nicht gerichtliche Entscheidungen vorzugreifen". Zu diesem Zeitpunkt war allerdings außer der Wiederaufnahme des Prozesses wegen Ehrenbeleidigung, den Borodajkewycz gegen Heinz Fischer angestrengt hatte, keine weitere gerichtliche Verfolgungshandlung bekannt. Kernanliegen der ÖH war, nicht zuzulassen, „dass die Vorfälle um Prof. Borodajkewycz von hochschulfremden Kreisen dazu benutzt werden, die Autonomie der Hochschulen auch nur anzutasten und (die ÖH) wird alles in ihrer Macht Stehende tun, um derartige Pläne wirksam zu durchkreuzen." Dann bedauerte sie, „dass irregeleitete Studenten das Mittel der Straße zur Verteidigung ihres Ideals der Hochschulautonomie gewählt haben". Die „Hoch Boro", „Heil Boro", „Hoch Ausschwitz", „Proleten raus" und „Juden raus" schreienden Studenten als Verteidiger des „Ideals der Hochschulautonomie"!

Nach dem Tod Ernst Kirchwegers

Mit dem Tod Ernst Kirchwegers, des ersten Opfers von Nazis in der Zweiten Republik, ging ein Aufschrei durch Österreich. Dutzende Betriebe schickten Protestbriefe an den ÖGB, an den Innen- und Unterrichtsminister mit der Forderung nach sofortiger Entfernung Borodajkewycz. In einigen wurde auch mit Streik gedroht. Schließlich rief der ÖGB für den 5. April 1965 zu einer österreichweiten fünfminütigen Arbeitsniederlegung im Gedenken an Ernst Kirchweger auf, die überall eingehalten wurde. In diesem Aufruf hieß es: „Diese Arbeitsruhe soll eine

Die Affäre Borodajkewycz

Trauerkundgebung für Ernst Kirchweger am 8. April 1965 auf dem Wiener Heldenplatz.

ernst Mahnung an jene sein, die glauben, dass 20 Jahre nach dem Ende eines Gewaltsystems Gewalttätigkeit und faschistischer Geist wieder geduldet werden."

Am 8. April fand die Trauerfeier für Ernst Kirchweger am Heldenplatz statt, zu der die *Österreichische Widerstandsbewegung* und das Antifaschistische Studentenkomitee aufgerufen hatten. Dort sprachen für das Studentenkomitee Albrecht K. Konecny (sozialistische Studenten) und der katholische Student Reinhold Knoll, sowie für die *Österreichische Widerstandsbewegung* der Sozialist Josef Hindels. Im Trauerzug über den Ring marschierten neben der Parteiführung der KPÖ die Regierungsmitglieder der SPÖ, einige hohe ÖVP-Funktionäre, das Präsidium des ÖGB und über 20.000 Menschen. Es war die größte antifaschistische Kundgebung seit Österreichs Befreiung vom Faschismus im April 1945.

Gunther Kümel wurde wenige Tage nach der Tat ausgeforscht, verhaftet und in Untersuchungshaft genommen. Bürgerliche Blätter mutmaßten noch, ob es sich bei dem Schläger tatsächlich um einen Rechtsextremisten gehandelt hat. Über den Prozess und das Urteil wird an anderer Stelle dieser Broschüre berichtet.

16 Die Affäre Borodajkewycz

*Der Bürgermeister von Wien und spätere Bundespräsident
Franz Jonas (SPÖ) kondoliert der Witwe Anna Kirchweger und
ihrem Sohn Erich. Im Hintergrund der Bezirkssekretär der KPÖ
Favoriten Fritz Vosol.*

Im April wurde auch der Ehrenbeleidigungsprozess gegen Heinz Fischer auf Grund der Zeugenaussage Ferdinand Lacinas, der nunmehr sein Studium abgeschlossen hatte und damit nicht mehr der Disziplinargewalt der Hochschule unterstand, wieder aufgenommen. Fischer wurde nun frei gesprochen, die Berufung Borodajkewycz' abgewiesen.

Borodajkewycz wurde zwar – auf eigenen Wunsch – beurlaubt, der Kampf um seine Suspendierung dauerte allerdings noch mehr als ein ganzes Jahr. Der Unterrichtsminister Piffl-Percevič weigerte sich weiter, von seinem verfassungsmäßigen Recht auf Suspendierung Gebrauch zu machen. Der zuständige Disziplinarsenat der Hochschule für Welthandel brauchte ein Jahr für seine „Ermittlungen", obwohl die Unverträglichkeit der Äußerungen Borodajkewycz mit einem Lehramt durch gerichtliche Dokumente bereits bewiesen war und das Tonband mit der Aufzeichnung der Pressekonferenz vom 23. März 1965 vorlag. Das Urteil des Disziplinarsenats wurde weiter dadurch verzögert, dass der vorgesehene Vorsitzende von den Vertretern Borodajkewycz (darunter „Graf" Strachwitz, der schon bei der Oberweiser Konferenz 1949 dabei war) als „befangen" abgelehnt wurde, weil er der Widerstandsbewegung angehörte.

Am 14.Mai 1966 schließlich wurde Borodajkewycz durch das Urteil des Disziplinarsenats endlich zwangsweise in Pension geschickt, bei vollen Bezügen. Vorher wurde ihm allerdings noch nahegelegt, selbst seine Pensionierung zu beantragen, was Borodajkewycz ablehnte. Das Urteil selbst wurde öffentlich nicht weiter begründet. In einem Film des österreichischen Publizisten Hellmut Andics zur Borodajkewycz-Affäre, der im US-amerikanischen NBC-Fernsehen und später auch im ORF gezeigt wurde, lautete der Kommentar: „Ein konservativer Minister, der streng auf das höchste akademische Niveau geachtet hätte, hätte Borodajkewycz niemals zum Professor machen dürfen. Eine sozialistische Partei, die tatsächlich wegen nazistischer Tendenzen eines Professors besorgt gewesen wäre, hätte nicht zehn Jahre mit ihrem Protest zuwarten dürfen."[6] Und die katholische Zeitschrift *Die Furche* kommentierte: „Ein Symptom wäre bereinigt. Wer wagt sich an die Ursachen?"

Von den 65ern zu den 68ern

Die Hoffnung vieler AntifaschistInnen, die auch die KommunistInnen teilten, dass sich nach dem machtvollen Marsch und der Präsenz der Parteiführer der staatsgründenden Parteien beim Begräbnis Kirchwegers auch in der täglichen politischen Praxis eine neue demokratische Einheit im Kampf gegen Rechtsextremismus und Antisemitismus herausbilden werde, dauerte nur kurz. 1966 bildete die ÖVP eine Alleinregierung. Der Unterrichtsminister hieß noch immer Piffl-Percević und Kanzler Josef Klaus stellte die Demonstrationen gegen Borodajkewycz als Ursache des Ansehensverlustes Österreichs im Ausland dar. Die SPÖ beschloss im Oktober 1969 unter ihrem neuen Parteivorsitzenden Bruno Kreisky die so genannte „Eisenstädter Erklärung", die jede Zusammenarbeit mit KommunistInnen ausschloss.

Das Disziplinarverfahren gegen Borodajkewycz zog sich, nachdem das Urteil in erster Instanz aufgehoben wurde, noch bis 1967 dahin. Die Zeitschrift der ÖVP-

6 *Kurier*, 16.5.1966.

18   Die Affäre Borodajkewycz

Schweigemarsch über die Wiener Ringstraße vom Burgtor zum Schwarzenbergplatz am 8. April 1965.

Mitglieder der österreichischen Bundesregierung beim Burgtor.

geführten ÖH, „Bilanz", veröffentlichte die Behauptung, Borodajkewycz sei im Disziplinarverfahren vom Vorwurf des Antisemitismus freigesprochen worden. Der Unterrichtsminister verweigerte jede Auskunft. Die letzten bekannten Äußerungen Borodajkewycz waren im „Eckartboten" zu finden, einem bekannt rechtslastigen Blatt. 1983 meldete die *Volksstimme*, dass auch ÖVP- und SPÖ-Politiker in dem von Borodajkewycz gegründeten „Neuen Klub" in der Prinz-Eugen-Straße Vorträge hielten.

Erst mit der 68er-Bewegung kam es zu einer nachhaltigen Veränderung der politischen Atmosphäre und der Kräfteverhältnisse an den österreichischen Universitäten. Nun war tatsächlich Schluss mit dem „Muff von 1000 Jahren unter den Talaren". Und das nicht nur in Hinblick auf das ehrwürdige Alter der Universität.

Einen wichtigen Erfolg landete die antifaschistische Zusammenarbeit zwischen dem *Verband Sozialistischer Studenten* (VSStÖ) und dem *Kommunistischen Studentenverband* (KSV) im Zusammenhang mit der ÖH-Wahl des Jahres 1979. Nachdem der RFS fast von der Bildfläche verschwunden war, versuchten andere Nazigruppen an den Unis Fuß zu fassen. So versuchte bei den ÖH-Wahlen dieses Jahres eine rechtsextremistische Gruppe unter der Bezeichnung *Aktion Neue Rechte* (ANR) anzutreten. Der Antrag in der Wahlkommission, diese Gruppe nicht zur Wahl zuzulassen, wurde abgelehnt. VSStÖ und KSV gingen hierauf zum Verfassungsgerichtshof. Ihr Hauptargument war, dass der österreichische Staatsvertrag von 1955 in seinem Paragraphen 9 alle Staatsorgane verpflichte, unmittelbar gegen jede Form nazistischer oder militaristische Tätigkeit und Propaganda vorzugehen und diese zu verhindern. Das Urteil war für die österreichische Realverfassung sensationell. Denn es bekräftigte die Verpflichtung aller Wahlbehörden, den neofaschistischen Charakter von Organisationen zu prüfen und im gegebenen Fall deren Zugang zu den Wahlen zu versperren.

Wären die Universitätsbehörden dieser Verpflichtung schon vor Jahren nachgekommen, hätte Ernst Kirchweger noch seinen Lebensabend in Ruhe verbringen können.

Ernst Kirchweger

Ein verdienter Funktionär der ArbeiterInnenbewegung

Manfred Mugrauer

Ernst Kirchweger wurde am 12. Jänner 1898 in Wien geboren.[1] Sein Vater war Handschuhmachergehilfe und später Sekretär der Gewerkschaftsorganisation dieser Berufsgruppe. Zuletzt arbeitete er als Beamter der Allgemeinen Arbeiter-Krankenkasse. Als Bezirksfunktionär der Sozialdemokratischen Partei in Wien-Döbling kandidierte er mehrere Male für den Niederösterreichischen Landtag (Wien wurde erst 1921 von Niederösterreich getrennt). Ernst Kirchweger lernte nach der Volks- und Bürgerschule von Juli 1912 bis Juli 1915 das Drogistengewerbe. Bereits in jungen Jahren Mitglied der *Kinderfreunde*, der sozialdemokratischen Kinderorganisation, trat er 1916 der SDAP bei.

In diesem Jahr wurde Kirchweger Soldat der Kriegsmarine und erlebte als solcher die Erhebung der Matrosen in der Bucht von Cattaro im Februar 1918. Damals wurde auf den Schiffen des Kreuzergeschwaders die rote Fahne gehisst, Matrosenräte entsetzten die Offiziere ihrer Befehlsgewalt und übergaben dem Kriegshafenkommando ein Memorandum mit ihren Forderungen nach Frieden und Demokratie. Doch die revolutionären Matrosen blieben isoliert. Nach nur drei Tagen wurde die Revolte niedergeschlagen, 40 der gefangenen Matrosen kamen vor ein Standgericht, vier der Anführer wurden hingerichtet.

Ungarische Rote Armee

Aus der italienischen Kriegsgefangenschaft kehrte Kirchweger Ende 1918 nach Wien zurück und wurde sogleich wieder in der Döblinger Bezirksorganisation der SDAP aktiv. Als im März 1919 in Budapest die Räterepublik ausgerufen wurde, war Kirchweger einer jener, die unter Führung Leo Rothziegels nach Ungarn gingen,

---

1 *Die nachfolgenden Ausführungen stützen sich vor allem auf einen Lebenslauf von Ernst Kirchweger im Zentralen Parteiarchiv (ZPA) der KPÖ, den dieser am 24. Mai 1945 vor dem Besuch eines Schulungskurses der Partei und in Ergänzung eines Standardfragebogens verfasst hat. Auf diesem Dokument basiert auch der Nachruf auf Kirchweger im kommunistischen Zentralorgan (Ein Leben und ein Tod für die Demokratie, in: Volksstimme, 3.4.1965, S. 3).*

um die dort neu aufgebaute Rote Armee in ihrem Kampf gegen die innere und äußere Konterrevolution zu verstärken. Kirchweger war an Gefechten gegen die Tschechen bei Košice beteiligt, sowie an der Theiß gegen die rumänischen Besatzer und Einheiten der ungarischen „Nationalarmee" unter Miklós Horthy.

Nach der Niederwerfung der Räterepublik Ende August 1919 kehrte Kirchweger nach Wien zurück und arbeitete zunächst als Angestellter der Arbeiterkonsumgenossenschaft. Von 1922 bis 1925 war Kirchweger Mitarbeiter im *Österreichischen Verband für Siedlungs- und Kleingartenwesen*, der ein Jahr zuvor etabliert worden war. Dessen Generalsekretär war der Wissenschaftstheoretiker Otto Neurath, mit dem Kirchweger in der Folgezeit zusammenarbeitete. Die genossenschaftliche und kommunale Siedlerbewegung erreichte in diesen Jahren einen Höhepunkt, bis der Anteil von Siedlerhäusern am städtischen Wohnungsprogramm letztlich zugunsten der Gemeindebauwohnungen des „Roten Wien" zurückging. Im September 1925 wurde Kirchweger in der Zeitschrift des Verbandes mit dem Titel *Siedler und Kleingärtner* als Leiter der Kleingarten-, Kleintier- und Siedlungsausstellung in der Obstbaumschule der Kleingartenstelle der Stadt Wien in Kagran genannt.[2]

Straßenbahnschaffner und sozialdemokratischer Funktionär

Ab Oktober 1925 bis zum Februar 1937 arbeitete Kirchweger als Angestellter der Gemeinde Wien, konkret als Schaffner der Städtischen Straßenbahnen. Bis zum Februar 1934, also bis zum Verbot der sozialdemokratischen Organisationen und Vereine, war Kirchweger ohne Unterbrechung Vertrauensmann und redaktioneller Mitarbeiter des Freien Gewerkschaftsverbands der Handels- und Transportarbeiter. Neben seiner gewerkschaftlichen Arbeit war er auch auf der parteipolitischen und genossenschaftlichen Ebene als Funktionär aktiv: in der SDAP als Sprengelleiter und in der Arbeiterkonsumgenossenschaft als Obmann eines Sprengelausschusses in Wien-Favoriten, wo Kirchweger gemeinsam mit seiner Frau Anna und seinem 1926 geborenen Sohn Erich in der Laxenburger Straße 49 wohnte. Darüber hinaus gehörte er dem *Republikanischen Schutzbund*, der sozialdemokratischen Wehrformation, an, sowie den *Freidenkern*, dem *Arbeiter Turnverein* (ATV) und dem *Arbeiter-Stenographenbund*, womit er umfassend in das politische und kulturelle Milieu der österreichischen Sozialdemokratie eingebettet war. „Politisch stand ich in der S.P. am linken Flügel unter der Führung der Gen. Ernst Fischer und [Karl] Mark, deren Auffassung ich auch in den verschiedenen politischen Vertrauensmännerkonferenzen vertrat", schrieb Kirchweger im Jahr 1945.

2   Ausstellungsführer, in: Siedler und Kleingärtner, 5. Jg., Nr. 9, September 1925, S. 1.

Mitglieder der Parteiführung der KPÖ beim Schweigemarsch über die Wiener Ringstraße vor der Wiener Staatsoper. Vorne links: Friedl Fürnberg (Sekretär des ZK der KPÖ) und Johann Koplenig (Vorsitzender der KPÖ). Rechts vorne: Robert Dubovsky (Obmann der KPÖ Niederösterreich), dahinter Franz Muhri, der wenige Wochen später zum Vorsitzenden der KPÖ gewählt wurde.

Illegale antifaschistische Arbeit

Unter dem Eindruck des Zurückweichens der sozialdemokratischen Parteiführung und der Niederlage der österreichischen ArbeiterInnenbewegung im Februar 1934 ging Kirchweger zur KPÖ über, der er bis zum Ende seines Lebens als Mitglied und Funktionär angehörte. In den Jahren der austrofaschistischen Diktatur war Kirchweger in der illegalen Gewerkschaftsbewegung aktiv und organisierte die Fachgruppe Straßenbahner, als deren Obmann er fungierte. In dieser Eigenschaft redigierte er auch die illegale Gewerkschaftszeitung der Gemeindebediensteten mit dem Titel *Der freie Gemeindearbeiter*, sowie das Zentralorgan der freigewerkschaftlichen Handels-, Transport- und Verkehrsarbeiter *Zeitrad*.[3]

Bemerkenswert ist, dass Kirchweger über Aufforderung englischer Genossen Kurzberichte über die politische und wirtschaftliche Lage für die britischen libera-

---

3 Von beiden illegalen Zeitschriften sind in der Flugschriftensammlung des Dokumentationsarchivs des österreichischen Widerstandes (DÖW) Exemplare aus den Jahren 1935 bzw. 1936 überliefert (Nr. 4004/7 und 4022/7).

len bzw. linksstehenden Zeitungen *Daily Herold*, *The Worker* und *New Statesman and Nation* verfasste. Ende November 1936 nahm Kirchweger gemeinsam mit den führenden kommunistischen Funktionären Oscar Deubler und dem später von den Nazis hingerichteten Franz Mager in Prag am Einigungskongress der österreichischen Gewerkschaftsbewegung teil, in dessen Verlauf der sozialdemokratische „Siebenerausschuss" und die kommunistisch dominierte „Wiederaufbaukommission" eine gemeinsame Leitung der illegalen *Freien Gewerkschaften* bildeten. Kirchweger führt in seinem Lebenslauf auch Kontakte zur Parteiführung der KPÖ im Prager Exil und Aussprachen mit ihrem Vorsitzenden Johann Koplenig an.

Verlagsdirektor des „Compass-Verlags"

Im März 1937 wurde Kirchweger Verwaltungschef beim *Compass-Verlag* in der Wipplingerstraße in der Wiener Innenstadt. Der *Compass* war ein Jahrbuch, das von 1868 an ohne Unterbrechung bis ins Jahr 2003 als gedrucktes Werk erschien und Information aller österreichischen Unternehmen enthielt.[4] Seit den 1930er Jahren befand sich der Verlag im Besitz der Familie Hanel, wobei Rudolf Hanel Ende 1938 die Alleingeschäftsführung an seinen Sohn Rudolf Otto Hanel abgab. Dieser wiederum war seit dem Mai 1932 mit Wilhelmine Kirchweger, einer Schwester Ernst Kirchwegers, verheiratet. Da die *Compass*-Bände in der NS-Zeit für geheim erklärt wurden, war das damit befasste Personal aufgrund einer Anordnung des Gestapo-Referats „Gegnererforschung" besonderen Überprüfungen ausgesetzt. Als Kirchweger im September 1943 als der für die „Organisation und Leitung der Versendung" der Bände zuständige Mitarbeiter zur Beurteilung eingereicht wurde,[5] wurde dieser als „politisch nicht einwandfrei" eingestuft. Gegen seine Weiterbeschäftigung wurden aber keine Einwände erhoben, sofern er seitens des Abwehrbeauftragten des Betriebs „einer entsprechenden Beobachtung unterstellt werden" könne, wie es in einem Schreiben der Wiener Gestapo hieß.[6]

Im August 1945, wenige Wochen nach der Befreiung Österreichs vom Faschismus, wurde Kirchweger vom zuständigen Staatsamt zum öffentlichen Verwalter

---

4   Vgl. dazu Tano Bojankin: Die Geschichte des Compass Verlags – Ein Zwischenstand, in: Sylvia Mattl-Wurm/Alfred Pfoser (Hg.): Die Vermessung Wiens. Lehmanns Adressbücher 1859–1942. Wien 2011, S. 339–347, hier S. 347.
5   Compass-Archiv, Compass-Verlag an die Geheime Staatspolizei, Staatspolizeistelle Wien, Referat IV C 1, Zl. 2/1000/5698 v. 9.9.1943. Ich danke Tano Bojankin für die Überlassung dieses Dokuments.
6   DÖW 1944, Geheime Staatspolizei, Staatspolizeileitstelle Wien an den Compass-Verlag, z.H. des Abwehrbeauftragten, B. Nr. 25960/43 IV C 1 c v. 12.10.1943, Betrifft: Armgard Pichler, Helene Welser, Ernst Kirchweger.

des *Compass-Verlags* bestellt. Die Einsetzung von öffentlichen Verwaltern war ein Instrument, um die Kontrolle über „herrenlose" Betriebe zu übernehmen, deren Besitzer zumeist aufgrund ihrer Mitgliedschaft zur NSDAP geflüchtet waren. Nach 1947, als Hanel wieder den Verlag übernahm, blieb Kirchweger leitender Angestellter des Unternehmens bis zu seiner Pensionierung im Jahr 1963.

Die Tatsache, dass Kirchweger von 1937 bis 1963, also auch in der NS-Zeit, durchgehend beim Compass-Verlag beschäftigt war, widerlegt auch eine langlebige Geschichtslegende, die sich seit etwa 1980 hartnäckig in beinahe allen Veröffentlichung über die Affäre Borodajkewycz und über Ernst Kirchweger als erstes Opfer politischer Gewalt in der Zweiten Republik hält: nämlich jene über eine angebliche Konzentrationslagerhaft von Kirchweger. Auch in einem von ihm selbst verfassten Lebenslauf vom 24. Mai 1945 erwähnt Kirchweger keine solche Verfolgungsmaßname. Seine illegale politische Arbeit zur Zeit des Nazifaschismus bestand darin, dass in seiner Wohnung konspirative Sitzungen stattfinden, hier ausländische Rundfunksender abgehört wurden, und Hilfe für die Opfer des Faschismus und ihre Angehörigen organisiert wurde.

Referent für Kommunalpolitik in Wien-Favoriten

Dass Kirchweger in den Jahren der nationalsozialistischen Diktatur im organisierten kommunistischen Widerstand aktiv war, wird auch dadurch deutlich, dass seine Gruppe im April 1945 in der Lage war, beim Heraustreten aus der Illegalität öffentliche Verwaltungsaufgaben wahrzunehmen. So betrauten die örtlichen Kommandanturen der Roten Armee unmittelbar nach dem Ende der Kampfhandlungen und noch vor der Etablierung einer Wiener Zentralverwaltung Antifaschisten, die ihnen verlässlich erschienen, mit zivilen Verwaltungsfunktionen. In 13 der 21 „alten" Wiener Bezirke (in den Stadtgrenzen von 1937) wurden Kommunisten als so genannte „Bezirksbürgermeister" eingesetzt. In Favoriten wurde bereits am 9. April 1945 der Kommunist Klemens Friemel von der sowjetischen Besatzungsmacht zum Bezirksvorsteher ernannt.[7] Friemel war in den Vorjahren mit den kommunistischen Widerstandskämpfern Leopold Weinfurter und Johann Mithlinger in Verbindung gestanden, die von den Nazis zum Tode verurteilt und hingerichtet wurden. Sein Sohn Rudolf kämpfte in den Reihen der Internationalen Brigaden auf Seiten der Spanischen Republik und wurde am 30. Dezember 1944, wenige

---

7 Vgl. dazu Manfred Mugrauer: *Klemens Friemel (1881–1961). Zur Erinnerung an den ersten kommunistischen Bezirksbürgermeister von Favoriten im Jahr 1945*, in: Wiener Geschichtsblätter, 68. Jg. (2013), Nr. 1, S. 59–68.

Wochen vor der Evakuierung und Befreiung des Konzentrationslagers, in Auschwitz gehenkt.

Insgesamt waren die KommunistInnen im April die ersten, die Ordnung in das allgemeine Chaos brachten, die Sicherheitslage stabilisierten und das öffentliche Leben in Gang setzten. Als Favoritner Bezirksbürgermeister nahm Friemel gemeinsam mit seinen MitarbeiterInnen die Wiederherstellung von zivilen Verwaltungsstrukturen, die Lebensmittelversorgung, die Zuweisung von Wohnungen und Geschäftslokalen usw. in Angriff. Zu seinen engsten Mitarbeitern gehörte Ernst Kirchweger, der von ihm zum „Referenten für Kommunalpolitik und Kommunalverwaltung" ernannt wurde.[8] In dieser ehrenamtlichen Funktion kümmerte er sich um die Versorgung des Bezirks mit Lebensmittel und die Organisierung von Aufräumungsarbeiten. De facto agierte er im Mai 1945 als Sekretär des Bezirksvorstehers, der im Juni 1945 von einem anderen Kommunisten – Karl Kempf – in dieser Funktion abgelöst wurde. Noch im Herbst 1945 arbeitete Kirchweger als ehrenamtlicher Mitarbeiter im Favoritner Wohnungsamt.

Einer der „beliebtesten und aktivsten Favoritner Kommunisten"

Wenn jemand mit gutem Recht als verdienter Funktionär der politischen und gewerkschaftlichen Arbeiterbewegung bezeichnet werden kann, so ist es Ernst Kirchweger. War er in der Ersten Republik im Rahmen der sozialdemokratischen Partei, der *Freien Gewerkschaften* und der Genossenschaften und nach dem Februar 1934 weiter in der illegalen Gewerkschaftsbewegung aktiv, setzte er seit den 1950er Jahren vor allem kulturpolitische Schwerpunkte. Als kommunistische SchauspielerInnen 1948 das *Neue Theater in der Scala* gründeten, wurde auch eine Publikumsorganisation – die *Theaterfreunde* – ins Leben gerufen, mit dem Ziel, durch billigste Abonnentenpreise den Theaterbesuch für breiteste Schichten der Bevölkerung erschwinglich zu machen. Ernst Kirchweger fungierte in den 1950er Jahren, bis zur Schließung des Theaters im Jahr 1956, als Mitglied des Vorstands und zweiter Vizepräsident der *Theaterfreunde*. Gemeinsam mit seiner Frau Anna, die ebenso der KPÖ angehörte, war Kirchweger hier um einen Publikumszuwachs bemüht. Seine Theaterbegeisterung kam auch darin zum Ausdruck, dass er kleinere Theater- und Kulturgruppen förderte und – wie im Nachruf der *Volksstimme* zu lesen ist – die erste Freiluftaufführung im heutigen Freilichtmuseum Petronell-Carnuntum organisierte.

---

8 *Wiener Stadt- und Landesarchiv, Magistratsdirektion, Bürgermeisteramt 1945, A 6, Karton 1, B.A. 93/45, [Klemens] Friemel an Theodor Körner, 30.4.1945.*

Im November 1989 wurde der Gemeindebau in der Sonnwendgasse 24 in Wien-Favoriten nach Ernst Kirchweger benannt. Von links nach rechts: Der damalige KPÖ-Bezirksrat Michael Graber (heute wirtschaftspolitischer Sprecher der KPÖ), Stadtrat Rudolf Edlinger (SPÖ) und die damalige Bezirkssekretärin Waltraud Stiefsohn (später Landessprecherin der KPÖ Wien).

Den persönlichen Erinnerungen von Karl Horn zufolge, mit dem Kirchweger im Favoritner KPÖ-Gebiet „Odwody" bzw. im später geteilten Gebiet „Kepler" zusammenarbeitete, war Kirchweger „einer der beliebtesten und aktivsten Favoritner Kommunisten". Seine Persönlichkeit „strahlte soviel Elan und Mut aus, daß alle neben ihm arbeitenden Genossen einfach mitgerissen wurden. Für ihn gab es weder Rast noch Ruh". Bei den Demonstrationen zum 1. Mai organisierte er Fahrradkonvois, bei Großkolportagen der *Volksstimme* nahm er ein Koffer-Radio mit Platten von Arbeiterliedern mit. Ein besonderes Steckenpferd Ernstls war die revolutionäre Literatur. Unermüdlich kämpfte er dafür, daß das gute und revolutionäre Buch im Arbeiterhaushalt Einzug hielt", so die Erinnerungen von Karl Horn an Ernst Kirchweger.[9]

Im *Collegium Hungaricum* hielt Kirchweger in den 1960er Jahren öffentliche Lichtbildvorträge über die zahlreichen Reisen, die er unternahm, etwa nach Ägyp-

---

9   Karl Horn: Erinnerungen an Genossen Ernst Kirchweger, in: Rote Fahne. Organ des Zentralkomitees der Marxistisch-Leninistischen Partei Österreichs, Nr. 76, 15.4./1.5.1967, S. 9–10.

ten oder Zentralasien. Überdies war er als Kassier der *Österreichisch-Ungarischen Vereinigung für Kultur und Wirtschaft* aktiv und wurde erst wenige Tage vor seinem Tod, am 26. März 1965, in der konstituierenden Sitzung des Vorstands in dieser Funktion bestätigt.[10] Im Nachruf der Österreichisch-Ungarischen Freundschaftsgesellschaft wurde ein Großteil der Erfolge, „die die Vereinigung in ihrer völkerverbindenden Tätigkeit in den letzten Jahren zu verzeichnen hat", Kirchwegers Tätigkeit zugeschrieben: „Sein gediegenes Wissen, seine von hohem Kulturbewußtsein und wahrer Menschenfreundschaft erfüllte Haltung schufen ihm zahlreiche Freunde in unserer Geisteswelt", war in diesem redaktionellen Beitrag in der Zeitschrift *Neues aus Ungarn* zu lesen.[11]

Die KPÖ hielt in den folgenden Jahren das Gedenken an Ernst Kirchweger aufrecht. In regelmäßigen Abständen wurden an seinem Grab Kundgebungen abgehalten und Kränze niedergelegt. In der *Volksstimme* erschienen im Fünfjahresintervall Erinnerungsartikel. Der Liedermacher Rudi Burda widmete Kirchweger im Jahr 1978 ein Lied.[12] Im November 1989 wurde der in den Jahren 1979 bis 1981 errichtete Gemeindebau in der Sonnwendgasse 24 in Wien-Favoriten nach Ernst Kirchweger benannt, womit auch ein öffentlich sichtbares Zeichen des antifaschistischen Gedenkens gesetzt wurde.

---

10 *Aus dem Leben der Vereinigung*, in: Neues aus Ungarn, 14. Jg., Mai/Juni 1965, S. 21–22, hier S. 21.
11 Neues aus Ungarn, 14. Jg., März/April 1965, S. 23.
12 *Kirchweger-Lied*, in: Volksstimme, 1.11.1978, S. 4.

ERNST KIRCHWEGER

VERLAGSDIREKTOR i. R.

ein bewährter Antifaschist und Funktionär der Arbeiterbewegung fiel im 67. Lebensjahr am 31. März 1965 bei einer Demonstration für Österreich gegen nazistischen Ungeist an unseren Hochschulen einem brutalen Anschlag zum Opfer. Er ist am 2. April 1965 seinen schweren Verletzungen erlegen. Sein Tod verpflichtet alle aufrechten Österreicher, Demokraten und Antifaschisten, alles zu tun, daß sich Provokationen wie jene am 31. März nie mehr wiederholen.

Die Einäscherung Ernst Kirchwegers findet am Donnerstag, dem 8. April 1965, um 16 Uhr 30 im Krematorium statt.

Die Wiener Bevölkerung wird das Andenken des so tragisch Verstorbenen mit einem Schweigemarsch ehren, der sich am Donnerstag, dem 8. April 1965, um 13 Uhr 30 vom Heldenplatz über die Ringstraße zum Schwarzenbergplatz bewegen wird.

DIE ÖSTERREICHISCHE WIDERSTANDSBEWEGUNG
DAS ANTIFASCHISTISCHE STUDENTENKOMITEE

Kirchweger-Lied

Rudi Burda

So wie er war keiner,
sagt die Frau,
doch in seiner Partei waren viele wie er.

Sein Mörder sagt: „Ich fühlte mich bedroht,
nein, ich kann nichts für seinen Tod!"
Der Richter sprach vom Richterpult:
„Der Tote ist auch seeelber schuld."
Und das ist nicht Phantasie, bitte sehr,
es ist nur schon ein paar Jahre her.

Geboren und aufgezogen
als Arbeitersohn in Wien,
darf er noch ganz jung für den Kaiser
zwei Jahre in den Weltkrieg ziehn.
Und lernt dort bei der Marine,
wie grausam das Kriegshandwerk ist –
doch auch, was dahinter steckte,
und wurde Sozialist.

So wie er war keiner ...

Drogist und dann Straßenbahner
und Arbeiterfunktionär,
hockt er abends noch über Büchern
und trägt wiederum ein Gewehr.
Diesmal jedoch für den Schutzbund
auch im vierunddreißiger Jahr
und fühlt sich, wie viele, verraten am 12. Februar.

So wie er war keiner ...

So wird er zum Kommunisten,
er weiß auch, worum es geht,
er organisiert die Gewerkschaft
in der Illegalität.
Und als dann der braune Faschismus
hereinbricht über das Land,
kämpft er all die Jahre lang weiter
im aktiven Widerstand.

So wie er war keiner ...

So tut er sein Teil für den Frieden,
und als wieder Frieden ist,
ja wird er zum Lehrer für viele
als bewährter Antifaschist.
Und wer da zum Lernen bereit ist,
der kommt zu dem logischen Schluss,
dass man Krieg und Faschismus
schon den Anfängen wehren muss.

So wie er war keiner ...

Und dann das Jahr '65
ein Naziprofessor doziert,
reißt antisemitische Witze
und die Hochschülerschaft applaudiert.
Da platzte dann vielen der Kragen,
die sind auf die Straße marschiert
und fanden es absolut nötig,
dass man das protestiert.

So wie er gehn viele Tausende
und auch seine Partei ganz vorne dabei.

Da plötzlich vom Gehsteig Parolen
„Hoch Auschwitz!" ganz deutlich zu hören.
„Die wissen doch nicht, was sie tun", sagt er,
und „Man muss das den Burschen erklären."
Und geht zu auf eine Gruppe,
die sind doch nicht schlecht, sondern jung,
und da holt der eine von denen
mit der Eisenstange schon Schwung...

So wie er war keiner ...

Sein Mörder sagte: „Ich fühlte mich bedroht,
nein, ich kann nichts für seinen Tod!"
Der Richter sprach vom Richterpult:
„Der Tote ist auch seeelber Schuld."
Und warum erzähl' ich das, bitte sehr,
es ist doch schon ein paar Jahre her.

*Dieses Ernst Kirchweger gewidmete Lied von Rudi Burda wurde Ende Oktober 1978
erstmals im Rahmen des Hanns-Eisler-Treffens in Wien gesungen.*

Der Prozess gegen Gunther Kümel

Notwehrüberschreitung vs. Totschlag – ein fragwürdiges Urteil

Siegfried Sanwald

Die Vorgeschichte der Affäre Borodajkewycz, die als negativer Höhepunkt zum gewaltsamen Tod Ernst Kirchwegers führte, war und ist Gegenstand zahlreicher Publikationen. Im Mittelpunkt des folgenden Beitrags steht eine Analyse des Prozesses gegen Gunther Kümel.[1]

Einschlägig vorbestrafter Rechtsextremist

Der in Teheran geborene Kümel, dessen Vater als Erdölgeologe einer holländischen Gesellschaft und später als iranischer Staatsangestellter tätig war, wurde nach der Besetzung Persiens gemeinsam mit seiner Mutter ausgewiesen und gelangte über die Türkei und Bayern nach Wien. Hier wurde die Familie 1947 wieder vereint. Kümel wechselte mehrmals die Volksschule und später das Gymnasium, trat einer nationalen Jugendbewegung, dem *Bund heimattreuer Jugend*, bei und versuchte, diese in die FPÖ-Jugendbewegung einzugliedern.

Zum Tatzeitpunkt war der 24-jährige Chemiestudent weder in rechtsextremen Kreisen noch bei der Staatspolizei ein unbeschriebenes Blatt und verfügte bereits über ein ansehnliches Register an Vorstrafen. Bereits Ende der 1950er Jahre beteiligte sich Kümel als Mittelschüler an Hakenkreuz-Schmierereien, zertrümmerte einen Schaukasten der *Volksstimme* und zündete Stinkbomben im Rahmen einer politischen Veranstaltung zum 1. Mai. Zwei Verurteilungen durch den Jugendgerichtshof – der Ausspruch einer Strafe wurde in beiden Fällen bedingt aufgeschoben und die Probezeit verlängert – hinderten ihn jedoch nicht daran, weiterhin in der rechtsextremen Szene aktiv zu bleiben. Ein Verfahren wegen Wiederbetätigung wurde aufgrund von Beweisschwierigkeiten sowie eines psychiatrischen Gut-

---

1 *Dieser Beitrag stützt sich auf den dreibändigen Prozessakt im Landesgericht Wien (LG Wien 27b Vr 2129/65) und wird in erweiterter Form in den Mitteilungen der „Alfred Klahr Gesellschaft", Nr. 2/2015 veröffentlicht werden. Wir danken Siegfried Sanwald, dass er ihn für einen Vorabdruck in der vorliegenden Broschüre zur Verfügung gestellt hat.*

Gunther Kümel wurde bereits am 30. März 1962 wegen Sprengstoffvergehen mit rechtsradikalem Hintergrund zu zehn Monaten Kerker verurteilt.

achtens, das dem Beschuldigten einen Mangel an „geistiger Reife" bescheinigte, eingestellt.[2]

Gemeinsam mit Gerd Honsik und anderen verübte er am 28. Mai 1961 einen Brandbombenanschlag auf die italienische Botschaft in Wien, führte im Sommer ein Attentat auf das Büro der Fluggesellschaft Alitalia aus und war im November des gleichen Jahres in einen nächtlichen Überfall auf das Parlament involviert. Am 30. Mai 1962 wurde Kümel deshalb wegen Übertretung des Waffengesetzes zu zehn Monaten Arrest verurteilt. Ende Oktober 1962 wurde er aus der Haft entlassen.[3] Die Universität Wien, an der Kümel seit Oktober 1961 Jus studierte, erkannte dem Verurteilten lediglich ein Semester ab. Im November 1962 inskribierte er für die Fachrichtung Chemie und erhielt vom Bundesministerium für Unterricht in den Jahren 1964 und 1965 eine Studienbeihilfe von jährlich ATS 10.000,–. Erst im Zuge der gerichtlichen Untersuchungen zum Tod von Ernst Kirchweger wurde das Stipendium für erloschen erklärt.

---

2   Siehe LG Wien 20a Vr 565/60.
3   Siehe LG Wien 20a Vr 9913/61.

Ermittlungen und Anklageerhebung

Kümel konnte am 31. März 1965, nachdem er Ernst Kirchweger niedergeschlagen hatte, vorerst unerkannt entkommen, wurde allerdings drei Tage später verhaftet. In den ersten Einvernahmen rechtfertigte er sich dahingehend, in einer Notsituation gewesen zu sein und sich daher nicht des Verbrechens des Totschlages schuldig zu fühlen. So gab er gegenüber dem einvernehmenden Untersuchungsrichter an, Ernst Kirchweger aus Angst vor einer Verletzung einen Faustschlag versetzt zu haben. „Ich hatte nicht das Gefühl, auf Kirchweger stark eingeschlagen zu haben. Durch den Umstand, dass er mir und damit meinem Schlag entgegenkam, kann aber der Schlag kräftiger ausgefallen sein. Überdies war ich infolge meines Angstgefühles nicht fähig, meinen Schlag genau abzumessen. Ich wollte Kirchweger nur stoppen und seinen Angriff abwehren."

Dass es sich bei Kirchweger um einen alten Mann handelte, konnte der Beschuldigte nach eigenen Angaben nicht erkennen. Ebenso verharmloste er den Besuch von Boxkursen in der Universitäts-Turnanstalt und sprach lediglich davon, über bescheidene Anfängerkenntnisse zu verfügen. Die gerichtliche Obduktion des Leichnams widerlegte diese Behauptung, da neben dem tödlichen Schädelsprung als Folge des Sturzes bei Ernst Kirchweger auch ein Bruch des linken Unterkiefers festgestellt wurde. Augenzeugen sprachen gegenüber der Polizei von einem K.O.-Schlag und dass Kirchweger ohne jede Reflexbewegung stocksteif rückwärts fiel und mit dem Hinterkopf am Boden aufschlug.

Über den genauen Tathergang existieren widersprüchliche, voneinander abweichende Zeugenaussagen. Zwei Zeuginnen behaupteten gesehen zu haben, wie der nach dem Faustschlag zurücktaumelnde Kirchweger gestützt worden sei und erst nach dem Zurückweichen seiner Helfer zu Boden fiel. Andere Zeugen erwähnten keine weiteren Personen. Auch hinsichtlich der Position des zu Boden gefallenen Opfers und darüber, ob Kirchweger zuvor Kümel angegriffen habe oder nicht, liegen unterschiedliche Wahrnehmungen vor. Aussagen des Rettungsarztes und der Sanitäter zufolge war Kirchweger zum Zeitpunkt des Abtransports und auf der Fahrt in die I. Unfallstation des Allgemeinen Krankenhauses teilweise noch ansprechbar, verfiel aber immer wieder in einen Dämmerzustand.

In einer Aussendung der Österreichischen Hochschülerschaft an der TU Wien skizzierten die Herausgeber ein völlig im Widerspruch zu den tatsächlichen Ereignissen stehendes Bild von angeblich aus niederösterreichischen Industriezentren angereisten Schlägertrupps, die auf wehrlose Studenten losgegangen seien und aus Versehen Ernst Kirchweger erschlagen hätten. Unter den Gegendemonstranten verbreitete sich auch das Gerücht, dass zwei Teilnehmer aus ihren Reihen ums

Ernst Kirchweger (links unten) bei der Kundgebung gegen den antisemitischen Universitätsprofessor Taras Borodajkewycz am 31. März 1965, unmittelbar bevor er niedergeschlagen wurde (oben).

Rechts der von Gunther Kümel zu Boden geschlagene Ernst Kirchweger.

Leben gekommen seien. Zahlreiche Personen erlitten im Zuge der Auseinandersetzungen zwischen Demonstranten und Gegendemonstranten Verletzungen.

Am 5. Juli 1965 erhob Staatsanwalt Theodor Mayer-Maly Anklage gegen Gunther Kümel wegen des Verbrechens des Totschlages. Aus Sicht der Anklage bestand ein Kausalzusammenhang zwischen dem Faustschlag und dem Tod des Ernst Kirchweger. Die Wucht des Schlages habe zum Bruch des Unterkiefers und zum Sturz geführt, bei dem er sich jene schweren Kopfverletzungen zuzog, die in weiterer Folge eine Hirnlähmung bewirkten: „Die auf Notwehr ausgerichtete Verantwortung des Angeklagten ist unglaubwürdig und wird durch die Beweisergebnisse zu widerlegen sein."

In den Augen der Staatsanwaltschaft sei auch deshalb keine Notwehrsituation gegeben gewesen, da nur einzelne Demonstranten die Ordnerkette im Kreuzungsbereich Kärntnerstraße – Walfischgasse – Philharmonikerstraße durchbrochen hätten und auf die sie provozierende, zahlenmäßig größere Gruppe von Gegendemonstranten zugelaufen seien. Selbst für den Fall, dass Kirchweger Kümel anzugreifen versucht habe, müsse die Situation aus Sicht der Anklagebehörde als Raufhandel bewertet werden. Im Raufhandel ruhe „aber nach ständiger Lehre und Rechtsprechung die Notwehr". Außerdem sei die Eskalation der Auseinandersetzung von den Gegendemonstranten durch antisemitische Parolen und Tätlichkeiten, wie dem Werfen von Gegenständen und Stinkbomben, hervorgerufen worden.

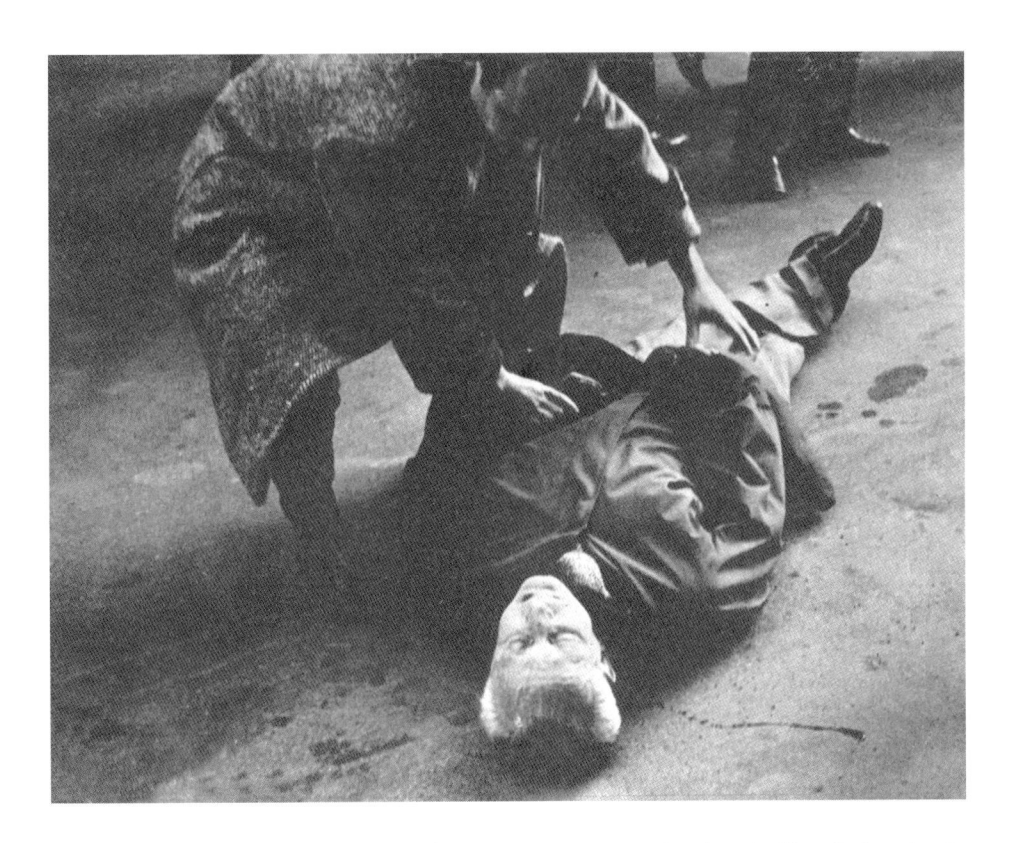

Beginn der Hauptverhandlung

Am 18. Oktober 1965 eröffnete der Vorsitzende Richter, Oberlandesgerichtsrat Alfred Gleißner, die Hauptverhandlung in der Strafsache gegen Gunther Kümel vor einem Schöffensenat des Landesgerichts für Strafsachen Wien. Bereits Anfang des Monats war im Beisein des Vorsitzenden Richters, des Staatsanwaltes und des Verteidigers aus insgesamt 20 SchöffInnen die Auswahl von zwei Haupt- und zwei Ersatzschöffen nach folgenden Ausschlusskriterien erfolgt: Zugehörigkeit zur NSDAP oder einer ihrer Gliederungen, Opfer des NS-Regimes und Mitgliedschaft in einer politischen Partei im Österreich der 1960er Jahre. Diese Herangehensweise hatte für den Vorsitzenden Richter eine von der Generalprokuratur beim Obersten Gerichtshof eingebrachte Nichtigkeitsbeschwerde zur Folge, der aber am 14. September 1966 nicht stattgegeben wurde.

Zu Beginn erörterten der Vorsitzende Richter und der Staatsanwalt die Bewertung der Hauptverhandlung als politischen oder kriminellen Prozess. Gleißner merkte gegenüber dem Staatsanwalt an, dass es bei einer Anklage wegen Totschlags noch nie vorgekommen sei, dass nach der politischen Gesinnung des Täters oder des Opfers gefragt werde. Falls versucht werden würde, politische Aspekte in den Prozess hineinzubringen, dann müsse aus Sicht des Richters eine Zuständigkeit der Geschworenengerichtsbarkeit geprüft werden. Staatsanwalt Heinrich Schmieger sprach sich dafür aus, dass auch „das politische Vorleben des Angeklagten zur Abrundung des Bildes [...] zur Sprache gebracht werden" müsse.

Seine Teilnahme an der Gegendemonstration rechtfertigte er mit dem angeblichen Angriff auf die Hochschulautonomie. Nach eigenen Angaben wollte Kümel sich keiner der beiden Gruppen anschließen. In die Auseinandersetzungen sei er aufgrund der unübersichtlichen Situation zufällig hineingeraten: „[...] ich habe nichts gesagt und niemand etwas getan, ich war nur ganz still und gewöhnlich. Es war keine von vornherein gefährliche Situation." Er wollte nur mit am Straßenrand stehenden ZuschauerInnen diskutieren und ihnen seine Meinung näher bringen. Parolen wie „Juden raus" oder „Hoch Auschwitz" habe Kümel nicht vernommen. In weiteren Ausführungen stellte sich Kümel gar als ruhenden Pol dar, der bemüht gewesen sei, Menschen vor Schaden zu bewahren bzw. Demonstranten vor Gewaltaktionen abzuhalten.

Eine Aufforderung unter den Gegendemonstranten, sich in Richtung Minoritenplatz zu begeben, habe ihn dazu veranlasst, dieser Gruppe – nach eigenen Angaben in einem „Mittelding zwischen Laufen und Gehen" – zu folgen. Plötzlich habe er einen Stoß verspürt, drehte sich um und sah Kirchweger mit entschlossenem Gesichtsausdruck und erhobenen Fäusten. Zum Selbstschutz habe er beide Hände vorgestreckt und so den vermeintlichen Angriff gestoppt. Auf Befragung durch den Vorsitzenden erwähnte der Angeklagte Kümel auch den Besuch eines Boxkurses, bei dem er verschiedene Abwehrmechanismen erlernt habe, die in bestimmten Situationen automatisch erfolgen würden. Völlig den tatsächlichen Verhältnissen widersprechend, beschrieb der Angeklagte sein um viereinhalb Jahrzehnte älteres und nach einer Nierenoperation geschwächtes Gegenüber folgendermaßen: „Ich möchte auch heute sagen, dass Herr Kirchweger ein kräftiger Mann war und mir gewichtsmäßig überlegen, wie es sich aus dem Akt ergibt. Er war so groß wie ich, in einem eher knappen Ernährungszustand, sodass man annehmen muss, die Differenz war Muskeln." Dem Einwand Gleißners, der Angeklagte habe Kirchweger einen K.O.-Schlag versetzt, entgegnete Kümel, die Wirkung sei dadurch verstärkt worden, dass Kirchweger mit Schwung auf ihn zugekommen sei. Auch auf Vorhalt des Staatsanwalts Heinrich Schmieger, dass der Schlag einen Kieferbruch zur Folge gehabt habe, erklärte der im Gerichtsaal arrogant und selbstbewusst auftretende Angeklagte, dies in seinem Gemütszustand nicht so wahrgenommen zu haben und die Wirkung des Schlages durch die Vorwärtsbewegung von Kirchweger verstärkt worden sei.

Ein interessanter Wortwechsel ergab sich zwischen dem Vorsitzenden Richter und Rechtsanwalt Othmar Slunsky, dem Vertreter der am Prozess Privatbeteiligten Anna Kirchweger, der Witwe des Opfers. Darin wies Oberlandesgerichtsrat Gleißner nochmals mit Vehemenz darauf hin, politische Aspekte aus dem Strafprozess fernzuhalten. Die Aufgabe des Gerichts bestehe nicht darin, ein Werturteil abzugeben, ob die Anhänger des vom Vorsitzenden bewusst nicht namentlich erwähnten Universitätsprofessors oder die Demonstranten im Recht gewesen seien. Auch Fragen über die Kleidung des Angeklagten zum Tatzeitpunkt und mögliche Parallelen zur NS-Zeit beendete Gleißner energisch mit dem Verweis auf die politische Dimension.

Anhörung der Zeuginnen und Zeugen

Am 19. Oktober 1965, dem zweiten Verhandlungstag, erfolgte mit der Anhörung von Zeuginnen und Zeugen die Eröffnung des Beweisverfahrens. Josef Hindels, der sich selbst dem Gericht als Zeuge angeboten hatte, war Mitarbeiter des Österreichischen Gewerkschaftsbundes und Vizepräsident der *Österreichischen Widerstandsbewegung*. Er schilderte die Situation vor dem Abmarsch des Demonstrationszuges vom Karlsplatz, auch hinsichtlich der Ansammlung von Borodajkewycz-Anhängern vor der Technischen Universität. Die vorgesehene Route führte über die Kärntnerstraße und den Graben zum Michaelerplatz und von hier über das Bundeskanzleramt zum Minoritenplatz. Die ohnehin angespannte Situation wurde durch den Wurf von Geschossen und Stinkbomben zusätzlich aufgeheizt. Um Zusammenstöße zwischen Demonstranten und Gegendemonstranten zu verhindern, wie sie bei der ersten Kundgebung der *Österreichischen Widerstandsbewegung* am 29. März stattgefunden hatten, wurde die Polizei von Hindels auf diese Ansammlung aufmerksam gemacht. Vertreter der Exekutive hätten aber lediglich geantwortet, dass eine Gegendemonstration nicht angemeldet worden sei. Die ca. 100 Ordner der *Österreichischen Widerstandsbewegung* erhielten den Auftrag, eine Konfrontation zu verhindern und bei Zusammenstößen und Schlägereien die Personen vonein-

Dr. Erich Kirchweger, Sohn des ermordeten Ernst Kirchweger, sagte im Oktober 1965 im Prozess gegen Gunther Kümel vor Gericht aus.

ander zu trennen, aber auf keinen Fall gegen Borodajkewycz-Anhänger vorzugehen, da dies Sache der Polizei sei. Nachdem sich beide Züge in Bewegung gesetzt hatten, kam es aber zur befürchteten Konfrontation.

Hindels vertrat in seiner Aussage den Standpunkt, dass, obwohl die TeilnehmerInnen des Demonstrationszuges mit verschiedenen Gegenständen beworfen worden seien, ein Durchbrechen der Ordnerkette hätte verhindert werden können, wenn nicht aus den Reihen der Gegendemonstranten die Rufe „Hoch Auschwitz" und „Juden raus" gefallen wären. Besonders an der Kreuzung Kärntnerstraße – Walfischgasse – Philharmonikerstraße war die Situation aus Sicht des Zeugen besonders kritisch, denn an dieser Stelle waren die antisemitischen Äußerungen am lautesten zu hören. Im Hauptverhandlungsprotokoll scheint auch eine Aussage von Hindels auf, die den fehlenden Willen der überforderten Polizei zur Ahndung von Delikten nach dem Verbotsgesetz dokumentiert: „Es wurde versucht Rufer verhaften zu lassen, doch ist das nicht gelungen; ich selbst habe einem Polizeibeamten gesagt

‚das was gerufen wird ist gesetzeswidrig'. Mir wurde darauf geantwortet, ‚wir müssen versuchen weitere Zusammenstöße zu vermeiden und ein weiteres Eingreifen würde die Situation verschärfen' [...]."

In den weiteren Befragungen schilderten die Zeuginnen und Zeugen ihre Eindrücke der Ereignisse unmittelbar vor, während und nach der Konfrontation zwischen Kümel und Kirchweger. Über den Tathergang finden sich im Hauptverhandlungsprotokoll unterschiedliche Angaben. Erschwerend kam hinzu, wie der Zeuge Ferdinand Lacina auf Befragen des Vorsitzenden Richters aussagte, dass sich die Situation durch das ständige Hin- und Herbewegen von Demonstranten und Gegendemonstranten permanent veränderte. Der als Ordner in der Postenkette eingesetzte Lacina versuchte vergeblich, den durchgebrochenen Ernst Kirchweger am Mantel zurückzuhalten.

Die Angaben des damaligen Solotänzers der Wiener Staatsoper, Wilhelm Dirtl, der die Ereignisse vom Fenster des kleinen Ballettsaales der Oper aus beobachtet hatte, machen die Grenzen von Zeugenaussagen bzw. die Fehlerquellen dieses Beweismittels deutlich. Im Unterschied zur Einvernahme vor dem Untersuchungsrichter gab der Zeuge nun in der Hauptverhandlung an, gesehen zu haben, wie sich Kümel und Kirchweger aufeinander zu bewegten und der Angeklagte dann – über den Kopf einer zwischen den beiden stehenden Person – Kirchweger einen Schlag versetzt habe. Auf Einwände des Vorsitzenden Richters merkte Dirtl an, dass er im Zuge der Einvernahme durch den Untersuchungsrichter nicht nach Sekunden und Schritten gefragt worden und seit den Ereignissen Zeit vergangen sei. Der auf Antrag der Verteidigung als Zeuge einvernommene Untersuchungsrichter Oberlandesgerichtsrat Johann Tinhof wies in seiner Aussage auf die Schwierigkeit des Auseinanderhaltens von persönlichen Eindrücken der ZeugInnen und erst später durch Pressemeldungen erfahrene Informationen hin. Diese würden sich vermischt in die Erinnerungen der Menschen einprägen, weshalb der Zeugenbeweis Fehlerquellen beinhalte.

Zur wichtigsten Zeugin wurde Theresia Lucia Fischer, die das Geschehen gemeinsam mit ihrer Tochter Lucia vom Balkon ihrer im ersten Stock oberhalb des Tatorts gelegenen Wohnung beobachtet hatte. Im Gerichtsaal erwähnte sie auch eine gegen sie gerichtete Morddrohung, falls sie Kümel mit ihrer Aussage entlasten sollte. Der Anwalt von Anna Kirchweger versuchte die Glaubwürdigkeit dieser Zeugin mit Hinweis auf ihre angebliche Tätigkeit bei der Gestapo in Frage zu stellen. Fischer wehrte sich vehement gegen diese Behauptung und führte ins Treffen, aufgrund ihres jüdischen Ehemannes sogar ein Opfer des Nationalsozialismus gewesen zu sein. Eine Überprüfung der erhobenen Vorwürfe durch die Staatspolizei verlief negativ.

Im Verlauf des vierten Prozesstages erörterte der Gerichtssachverständige Leopold Breitenecker das von ihm verfasste Gutachten über die Obduktion der Leiche von Ernst Kirchweger. Der als Folge des Sturzes erlittene Schädelbruch habe zu einem Druckanstieg im Gehirn und in weiterer Folge zu Lähmungen der wichtigsten Zentren geführt. Über die Festigkeit des Schlages äußerte sich der Sachverständige folgendermaßen: „Diese Frage bekommen wir jahrelang vorgelegt. Jeder Boxhieb wird mit Wucht geführt, man kann nicht einen Boxhieb dosieren, so wie jeder Messerstich mit Wucht geführt wird. Der Unterkieferbruch zeigt uns, dass der Schlag auch kräftig angekommen ist. [...] Es muss ein kräftiger Hieb gewesen sein, selbst wenn man das Alter des Kirchweger berücksichtigt und natürlich der Knochen nicht mehr jene Festigkeit aufweist, wie bei einem jungen Menschen."

Urteilsverkündung am 25. Oktober 1965

Am 25. Oktober 1965 – dem sechsten Prozesstag – verurteilte der Schöffensenat den Angeklagten Gunther Kümel wegen des Vergehens gegen die Sicherheit des Lebens – in der Urteilsbegründung findet sich der Terminus Putativnotwehrexzess – zu zehn Monaten strengen Arrest. Das Gericht war sich der Schwierigkeit und Tragweite der Entscheidung bewusst: „Der Senat ist sich über die Tatsache vollkommen im klaren, dass das Urteil, wie immer es ausfallen konnte, nie die ungeteilte Zustimmung der Bevölkerung wird finden können. Dies liegt in der Natur der Sache, in der hohen politischen Brisanz des Prozesses, dem hohen politischen Hintergrund. Je radikaler der Einzelne eingestellt ist, desto mehr wird das Urteil Ablehnung finden, wenn es nicht seinen politischen Vorstellungen und Wünschen entspricht."

Urteilsverkündung im Prozess gegen Gunther Kümel am 25. Oktober 1965. Kümel wurde mit „Notwehrüberschreitung" zu nur zehn Monaten Arrest verurteilt.

Als schwierig erwies sich aus Sicht des Schöffensenats der für die Beurteilung der Straftat notwendige Zeugenbeweis, lagen doch über den genauen Tatablauf aus Sicht des Gerichts verschiedene, zum Teil einander widersprechende Angaben vor. In seiner Beurteilung des Sachverhalts stützte sich das Gericht im Wesentlichen auf die Angaben der Zeuginnen Theresia Lucia Fischer und ihrer Tochter Lucia, die vom Balkon ihrer im ersten Stock unmittelbar über dem Tatort gelegenen Wohnung das Geschehen beobachten konnten und auch keiner der beiden an der Demonstration beteiligten Gruppierungen angehörten. Aufgrund dieser Aussagen kam das Gericht zur Überzeugung, dass Kümel auf der Flucht gewesen sei, sich also wegbewegt habe und von Kirchweger eingeholt worden sei. Der Tatbestand des Totschlags lag aus Sicht des Schöffensenats nicht vor: Es könne „als erwiesen angenommen werden, dass Kümel eine größere Strecke Weges den auf ihn zulaufenden Kirchweger entgegengegangen ist". Damit falle „eine der wesentlichen Voraussetzungen für den Totschlag weg, nämlich ein sicherer Nachweis der feindseligen Absicht".

Der Verteidigungsstrategie Kümels, in Notwehr gehandelt zu haben, wurde jedoch widersprochen, da dies einen unmittelbaren Angriff auf sein Leben vorausgesetzt hätte. Selbst für den Fall, dass Kirchweger Kümel, wie von der Zeugin Theresia Lucia Fischer behauptet wurde, einen Fußtritt versetzt habe, so läge nur eine tätliche Ehrenbeleidigung vor, die keine Notwehrsituation begründe. Das Gericht billigte dem Angeklagten zu, in dieser auf ihn bedrohlich wirkenden Situation aus Furcht gehandelt zu haben, allerdings legte es dem Angeklagten zur Last, keine andere Abwehrmethode als einen Faustschlag gefunden und daher in Notwehrüberschreitung gehandelt zu haben: „Ein leichterer, oder vielleicht auch ein stärkerer Stoß hätte genügt. Keineswegs war ein Faustschlag von dieser Qualität und dieser Fürchterlichkeit am Platz."

Interessant ist, dass die Ausfertigung des Urteils vom 25. Oktober 1965 den am Prozess beteiligten Parteien erst am 10. Jänner 1966 zugestellt wurde. Eine von der Staatsanwaltschaft Wien eingebrachte Nichtigkeitsbeschwerde wurde vom Oberlandesgericht Wien am 9. März 1966 abgewiesen. Kümel habe den Faustschlag nicht aus Gehässigkeit und in feindseliger Absicht einem politischen Andersgesinnten versetzt, sondern habe in einer irrtümlich angenommen Notwehrsituation in reiner Verteidigungsabsicht gehandelt, so das OLG Wien. Im Fall des Todes von Ernst Kirchweger habe der Angeklagte lediglich die Grenzen einer unter diesen Umständen angemessenen Abwehrhandlung überschritten. Damit wurde seitens einer der höchsten juristischen Instanz des Landes ein fragwürdiges Urteil bestätigt. Kümel brachte gegen das über ihn verhängte Urteil ebenfalls eine Nichtigkeitsbeschwerde ein, zog dieser aber in weiterer Folge wieder zurück. Er wurde am 8. Februar 1966 enthaftet.

Rechtsextremismus und Populismus heute

Walter Baier

> *Wer aber vom Kapitalismus nicht reden will,*
> *sollte auch vom Faschismus schweigen.*
>
> Max Horkheimer (1939)

Die vorherrschende neoliberale Politik hat in den Staaten des europäischen Südens Millionen Menschen in Armut und Arbeitslosigkeit gestürzt. Die neue griechische, von SYRIZA geführte Regierung hat klar gemacht, dass das Land der sich ihm aufgezwungenen Verarmung nicht mehr beugen wird. Wenn Brüssel und Berlin nicht zur Änderung ihrer Politik bereit sind, steht die Europäische Union am Beginn der tiefsten Krise seit ihrer Gründung. Der herrschende Block in Europa und die Parteien der Mitte, die vor den Trümmern ihrer Politik stehen, sehen sich aber nicht nur von einer erneuerten Linken herausgefordert.[1] Auf der entgegengesetzten Seite des politischen Spektrums gewinnt eine radikale Rechte mit nationalistischem Programm und populistischer Methodik rasch an Gewicht. Mit der *Alternative für Deutschland* (AfD) hat sich eine solche Partei nun auch in Deutschland etabliert.

In drei Ländern (UKIP in Großbritannien: 27 Prozent, Volkspartei in Dänemark: 27 Prozent und Front National in Frankreich: 25 Prozent) wurden Parteien der extremen, nationalistischen Rechten bei der Europaparlamentswahl zur stärksten Kraft. Die Zahl der rechten, nationalistischen Mandate ist im Parlament auf ein gutes Viertel angewachsen. Sie sammeln sich in den beiden deklariert nationalistischen Rechtsfraktionen, „Europäische Konservative und Reformisten" (EKR) und „Europa der Freiheit und Demokratie" (EFDD), eine beträchtliche Zahl rechtsradikaler und neofaschistischer Abgeordneter blieb indes fraktionslos, und die ungarische FIDESZ Viktor Orbàns, die in vielerlei Hinsicht die Qualifikationen einer rechtsradikalen Partei erfüllt, hat ihren Platz in der Fraktion der Europäischen Volkspartei gefunden hat.

---

1   *Insgesamt entfielen bei den Europaparlamentswahlen 2014 auf Parteien der radikalen Linken 13 Millionen Stimmen (2009: elf Millionen). Das entspricht einem Stimmenanteil von 8% (2009: 7%) Sie ist damit mit 52 Mandaten (35) im Europaparlament vertreten. Neben den herausstechenden Erfolgen in Griechenland, Spanien und Irland schlagen Gewinne in den Niederlanden, Dänemark und Schweden zu Buche sowie die zurückgewonnenen Sitze in Italien und Finnland.*

Das Label „rechtsradikal" ist vage genug, um diesen sehr unterschiedlichen Phänomenen aufgedrückt zu werden. Das ist nicht unbedingt ein Vorteil. Das Spektrum, auf das es Anwendung findet, reicht von den offenen Neonazis wie der „British National Party", der ATAKA (Bulgarien)[2], dem „Jobbik" (Ungarn)[3] und „Chrysi Avgi" (Griechenland)[4] bis zu Rechtsparteien, die ihre Auftritte soweit an den medialen Mainstream anpassen, dass ein rechtsextremer Charakter nicht sofort erkennbar ist.

Erfolgreiche rechtsradikale, populistisch auftretende Parteien bei den Europaparlamentswahlen 2014 (2009) / Fraktion				
Belgien	Neu-Flämische Allianz (NVA)	16,4%	(6,1%)	EKR
	Vlaams Belang (nationalistisch)	4,1%	(9,9%)	
Bulgarien	Bulgarien ohne Zensur	10,7%	(–)	EKR
Dänemark	Dänische Volkspartei:	26,6%	(15,3%)	
Deutschland	Alternative für Deutschland (AfD)	7%	(–)	EKR
Finnland	Wahre Finnen	12,9%	(9,8%)	EKR
Frankreich	Front National (FN)	25%	(6,3%)	fraktionsl.
Großbritannien	United Kingdom Independence Party (UKIP)	26,8%	(16,5%)	EFDD
Italien	Lega Nord	6,2%	(10,2%)	fraktionsl.
Niederlande	PVV, Partei für die Freiheit	14,2%	(16,9%)	fraktionsl.
Polen	PiS: Recht und Gerechtigkeit	31,8%	(27,4%)	EKR
Schweden	Schwedendemokraten	9,7%	(3,3%)	EFDD
Ungarn	FIDESZ	51,5%	(56,4%)	EPP
Österreich	FPÖ	19,7%	(12,7%)	fraktionsl.

Die besonders unappetitlichen, offen neonazistischen Parteien schnitten bei den Europaparlamentswahlen 2014 unterschiedlich ab. Beinahe vollständig von der politischen Landkarte verschwunden sind die *British National Party* (BNP), die bulgarische ATAKA und der flämische *Vlaams Belang*. Allerdings muss hinzugefügt werden, dass in allen drei Fällen ihre Stimmanteile von modernisierten rechts-

---

2 *Ataka (Партия Атака/Partija Ataka „Angriff")*.
3 *Jobbik (Magyarországért Mozgalom „Bewegung für ein besseres Ungarn")*.
4 *Chrysi Avgi (griechisch Χρυσή Αυγή „Goldene Morgenröte")*.

radikalen, populistisch operierenden Parteien eingesammelt wurden. Man kann den Neonazismus trotzdem nicht als politisches Randphänomen abtun. In einzelnen Fällen mobilisieren Neonaziparteien ein Elektorat, das sich bis in die Mitte der Gesellschaft erstreckt, wie die beiden spektakulären Beispiele Ungarn und Griechenland zeigen, wo Jobbik (14,7%) beziehungsweise Goldene Morgenröte (9,4%) bei den Europawahlen sogar stärker als die Sozialdemokraten abschnitten.

Historische Reminiszenz

Die neue Rechte ist so neu nicht, wie sie scheinen möchte. Die Verbindungen zwischen ihr und der alten faschistischen Rechten sind in einigen Fällen offensichtlich. Doch diese Erkenntnis ist zweischneidig, weil sie auch dazu verführen kann, die neuen Momente zu übersehen und den Parteien der neuen Rechten ausschließlich mit den traditionellen antifaschistischen Formeln zu begegnen. Aber Wählerschaften von Parteien wie die der FPÖ in toto als faschistisch zu qualifizieren, ist weder zutreffend noch ist es politisch klug. Erweist sich also die Wirkungslosigkeit des Antifaschismus in dem Moment, in dem er gebraucht würde, um rechtsradikale[5] Parteien daran zu hindern, mittels neuer Rhetorik und Symbolik erfolgreich in die Mitte der Gesellschaft drängen? Es wäre nicht das erste Mal.

Die Wiedergänger, die wie Zombies aus ihren Grüften steigen, um neu ausstaffiert und frisch parfümiert die politischen Landschaften unsicher machen, stellen somit eine intellektuelle Herausforderung für die Linke dar. Dabei sind die geschichtlichen Erfahrungen der Linken in der Auseinandersetzung mit der radikalen und extremen Rechten reichhaltig und umfangreich. Die Debatten in Erinnerung zu bringen, in denen die Linke in den 1920er und 30er Jahren versuchte, die von den Faschisten betriebene Revolution auf konservativer Grundlage zu deuten, kann heute von unschätzbarem Nutzen sein, sofern man sich nicht auf das Einüben der alten Losungen beschränkt, sondern kritisch und innovativ an die aktuellen Phänomene herangeht.

Die erste Einsicht besteht darin, dass der europaweite Vormarsch faschistischer Bewegungen sich vor dem Hintergrund einer Krise des Kapitalismus und insbesondere der Weltwirtschaftskrise abspielte. Von keinem Zeitgenossen war dies klarer erkannt worden als dem sozialistischen, in Wien geborenen Wirtschafts-

---

5 *Im Sinne der gängigen Literatur verwende ich „rechtsradikal", um Parteien zu beschreiben, die im Unterschied von „Rechtsextremisten" behaupten, die demokratischen Spielregeln in ihrem politischen Agieren zu respektieren. Keine der beschriebenen Parteien ist bisher in die Lage gekommen, dies ernsthaft unter Beweis zu stellen, sodass diese Differenzierung der im Strafprozess üblichen „Unschuldsvermutung" vergleichbar ist.*

Grabstätte von Ernst Kirchweger am Wiener Zentralfriedhof. Das Grab wurde 2005 anlässlich des Ablebens seines Sohnes Erich Kirchweger exhumiert und Ernst Kirchweger auf den Hietzinger Friedhof umgebettet.

historiker Karl Polanyi. In seinem 1944 im US-amerikanischen Exil erschienenen Hauptwerk „Die Große Transformation" schreibt er, dass Nationalismus und Faschismus nicht aus dem Nichts aufgestiegen waren, sondern sich im Milieu eines krisenhaften Kapitalismus entwickelt hatten. Ihr Wachstum stellte die Reaktion auf das Scheitern des „utopischen Bemühens" dar, die Gesellschaften und die internationalen Beziehungen auf Grundlage eines „sich selbst regulierenden Marktsystems" zu errichten.[6]

Polanyi beschrieb einen in den 1920er und 30er Jahren tobenden politischen Kampf um zwei mögliche Auswege aus der Krise: dem Sozialismus, den die herrschende Klasse in beiden Varianten, der reformerischen und der revolutionären, ablehnte, und dem Faschismus, der ihre Privilegien unangetastet ließ und dem sie sich daher ergab. Doch so lautete seine Erkenntnis: Beide, der Faschismus ebenso wie der Sozialismus waren in einer Marktwirtschaft verwurzelt, die nicht funktionieren wollte. Der faschistische Ausweg aber, der „eine Reform der Marktwirtschaft" darstellte, wurde erreicht um den Preis der Auslöschung aller demokratischen Institutionen sowohl im wirtschaftlichen als auch im politischen Bereich.

Auf Seiten der Kommunisten deutete der Führer der KP Italiens, Antonio Gramsci, die politische Krise, aus der der Faschismus erwuchs, als die Abwendung der großen Massen von den traditionellen Ideologie, und er schrieb: „Das Alte stirbt, und das Neue kann nicht zur Welt kommen". Man muss bedenken, dass Gramsci seine Notizen in Mussolinis Kerker verfertigte, was ihn zwang, vage zu formulieren. Für Zeitgenossen war es indes klar, dass „das Alte" die kapitalistische Gesellschaftsordnung bezeichnete, die von denselben Faschisten beschützt wurde, die Gramsci einkerkerten und die seine Gesundheit zerstörten. Arthur Rosenberg, ein Abtrünniger der kommunistischen Bewegung schrieb in den 1930er Jahren, dass der Faschismus eine moderne, volkstümlich maskierte Form der bürgerlich-kapitalistischen Gegenrevolution darstellt. Die großen bürgerlichen Massenbewegungen der neueren europäischen Geschichte gehören, so erkannte er, zwei verschiedenen Typen an, dem liberalen und dem antiliberalen Typus, und der Faschismus stelle das neueste Beispiel einer antiliberalen Massenbewegung der Bürgertums dar.

Rechtes Erfolgsmodell Populismus

Die historische Dimension des Faschismus in Erinnerung zu halten, ist erforderlich, um die Gefahren zu ermessen. Der Schoß ist fruchtbar noch, aus dem das

---

6   Karl Polanyi: *The Great Transformation. Politische und ökonomische Ursprünge von Gesellschaften und Wirtschaftssystemen.* Wien 1977, S. 54.

kroch. Das Problem einer rein historischen Betrachtung besteht aber darin, dass sie dazu verleiten kann, das Neue zu übersehen und die Beweggründe der Wählerschaften heutiger rechter Parteien zu verkennen, die – zumindest in ihrer überwältigenden Mehrheit – nicht die nationalsozialistischen Verbrechen im Sinne haben.

Von heutigen PolitikwissenschaftlerInnen werden Stimmengewinne rechtsradikaler Parteien häufig als Protest einheimischer Unterschichten interpretiert, die sich als Opfer von Modernisierung und Globalisierung wahrnehmen. Doch die Unterschichtthese wird durch die empirische Forschung in dieser Allgemeinheit, nicht gestützt. Handelte es sich außerdem wirklich nur um einen heillosen Protest des marginalisierten Teils der Gesellschaft, so stellte der Rechtsradikalismus keine ernste Bedrohung für die liberale Demokratie dar. Er könnte als Kollateralschaden der neoliberalen Reformen bagatellisiert werden, die früher oder später zu einem wirtschaftlichen Aufschwung führten.

Der Mainstream der politikwissenschaftlichen Forschung verbaut sich die Wahrnehmung der Wirklichkeit durch sein Klassenvorurteil. Indem er die die wirtschaftlichen und sozialen Prozesse, die die Lebenslage von Millionen Menschen verschlechtern, mit den positiven Begriffen „Modernisierung" und „Gewinn persönlicher Autonomie" belegt, erscheinen soziale Ängste und Unmut als ein Schwimmen unaufgeklärter Massen gegen den unwiderstehlichen Strom in ein Goldenes Zeitalter. Erst diese Missachtung macht es möglich, dass sie von Rechtsradikalen artikuliert werden. Rechtsradikales Denken ist noch nicht der ideologische Mainstream. Doch es steht diesem näher als man denkt. Rechtsradikalismus stellt sich vielmehr in Ideologien und Haltung als eine Radikalisierung der Mainstream-Werte dar.

Wie aber können solche Haltungen zu einer erfolgreichen wahlpolitischen Plattform verdichtet werden? Dazu muss man sich einzelne Fälle genauer anschauen. Zu den rechtsradikalen Parteien, die es mit populistischen Methoden zu einer respektablen Erscheinung gebracht haben, zählen die United Kingdom Indepence Party, der Front National, die Dänische Volkspartei, die italienische Lega Nord, die Schwedendemokraten, die Wahren Finnen, die niederländische PVV und die Freiheitliche Partei Österreichs.

Vorneweg fällt auf, dass ein Naheverhältnis zum Nationalsozialismus in einzelnen Fällen besteht, es aber nicht das gemeinsame Merkmal dieser Parteien darstellt. Die Wahren Finnen und die Freiheitliche Partei Österreichs bilden diesbezüglich die entgegengesetzten Pole. Die Wahren Finnen wurden 1995 gegründet und grenzten sich von der damals florierenden finnischen Neonazi-Szene bald ab. Ihr nationalistischer Appell kam ohne den Rassismus nationalsozialistischer Prägung aus, indem er seine Anleihen bei der neurechten Theorie des Ethnopluralismus⁷ nahm. Diese anerkennt zwar im Prinzip die Gleichberechtigung der Kulturen, lehnt aber deren Koexistenz auf demselben Gebiet oder eine Vermischung mit dem Hinweis auf ihre angeblich unveränderlichen Eigenarten ab. Der Kern des völkischen Denkens, der Kampf um den „Boden" wird aufrecht erhalten, aber nicht aus dem „Blut", sondern der „Kultur" begründet.

Die Freiheitliche Partei Österreichs ist eine im österreichischen Parteiensystem traditionell verankerte Partei. Als Repräsentantin der deutschnationalen Tendenz der österreichischen Rechten erachtet sie die deutsch sprechenden Österreicher als Teil einer deutschen „Volks-, Sprach- und Kulturgemeinschaft".[8] Das Bekenntnis zum Deutschtum bildet einerseits den Interpretationsrahmen eines angeblichen Österreichpatriotismus der FPÖ, erlaubt ihr aber andererseits den Schulterschluss mit der einflussreichen Subkultur *Deutscher* Burschenschaften, neurechter Zeitschriften, der Kameradschaft der ehemaligen SS-Angehörigen, dem Kärntner Abwehrkämpferbund und dem Österreichischen Turnerbund, die ihrerseits den Resonanzboden der rechtsradikalen und neonazistischen Agitation in Österreich bilden. Die regelmäßigen so genannten „Tabubrüche", gemeint sind die positiven Bezugnahmen von Parteigrößen auf das Dritte Reich, stellen trotz der meist eilfertig nachgereichten Entschuldigungen und Richtigstellungen keine Entgleisungen dar, sondern bedienen exakt dieses Milieu, in dem die Partei Nachwuchs und Intellektuelle rekrutiert.

Der Deutschnationalismus und die Affinität zum Nationalsozialismus sind in die DNA der FPÖ eingeschrieben, aber sie können nicht ihren Erfolgslauf erklären, der 1986 mit der Übernahme des Parteivorsitzes durch Jörg Haider einsetzte. Dafür ist neben geänderten politischen Verhältnissen vor allem der Politikstil verantwortlich, der mit seinem Namen verbunden ist und den die FPÖ als Ganzes sich zu eigenmachte.

So wie viele politische Begriffe wird auch das Wort *Populismus* verschwenderisch und zur Bezeichnung aller möglichen Formen des politischen Sprechens verwendet. Der Duden erklärt den Begriff als „opportunistische Politik", die die Gunst der Massen zu gewinnen sucht. Doch wer immer in der Demokratie das Wort er-

---

7 Vgl. „Fitting For the Finns – The True Finns". Election Programme for the Parliamentary Elections 2011/ Summary (11.10.2013), in: www.perussuomalaiset.fi/wp-content/uploads/2013/04/Perussuomalaisten_eduskuntavaaliohjelma_2011-english_summary_2.0.pdf [1.2.2015].

8 Wörtlich heißt es im gültigen Programm der FPÖ: „Sprache, Geschichte und Kultur Österreichs sind deutsch. Die überwiegende Mehrheit der Österreicher ist Teil der deutschen Volks-, Sprach- und Kulturgemeinschaft." Parteiprogramm der Freiheitlichen Partei Österreichs (FPÖ). Beschlossen vom Bundesparteitag am 18. Juni 2011 in Graz, in: www.fpoe.at/fileadmin/Content/portal/PDFs/_dokumente/2011_graz_parteiprogramm_web.pdf [1.2.2015].

greift, zielt auf die Zustimmung der Massen. Das kann also nicht den entscheidenden Unterschied ausmachen. Und wo wäre die Instanz, die darüber befindet, ob eine bestimmte politische Sprache „opportunistisch" ist? Die Massenmedien, die ebenfalls, wenngleich aus kommerziellen Gründen, um die Gunst der Massen buhlen? Oder die politischen Mitbewerber, namentlich diejenigen, die ihren Gegnern in der Konkurrenz um die Massen unterliegen?

Ist damit alles politische Sprechen populistisch? Und welchen Sinn hätte es dann überhaupt von Populismus zu reden? In der Politikwissenschaft bezeichnete der Begriff Populismus ursprünglich autoritäre, sich auf das Volk berufende Bewegungen, namentlich in Nord-und Südamerika. In Europa stellte sich bald heraus, dass der Begriff, sofern man auf eine genauere Definition verzichtete, sich auch als Kampfbegriff eignete, mit dem nach Bedarf diese und jene politische Bewegung charakterisiert werden konnte, die mit einem oppositionellen Anspruch auftritt.

Populismus reicht also nicht aus. Die überwiegende Mehrheit der Parteien, die man als radikal rechts bezeichnet, kombiniert drei Merkmale: ethnisch begründeten Nationalismus, Autoritarismus und Populismus. Letzterer sei, so vermerkt der Politikwissenschaftler Cas Mudde, bestehe darin, dass er „die Gesellschaft als letzten Endes in zwei Gruppen gespalten betrachtet, das ‚reine Volk' und die ‚korrupte Elite'".[9]

Dies führt zur erstaunlichsten Parallele, die beim Rekapitulieren der Debatten der 1920er und 30er Jahre ins Auge sticht: Polanyi hatte als die Symptome der schleichenden Faschisierung die verbreitete „Kritik am Parteiensystem" festgestellt, die in der Verunglimpfung der demokratischen Ordnung bestand. In diesem Rahmen konnten die Faschisten, die auf die Unterstützung des großen Kapitals zählen konnten, gewissermaßen revolutionär erscheinen und das Volk gegen Parlament und Parteien mobilisieren. Otto Bauer gestand zwei Jahre nach der Niederlage der österreichischen Sozialdemokratie im Februar 1934 zu, dass die reformerische Sozialdemokratie jenen „breiten kleinbürgerlichen, bäuerlichen und proletarischen Massen als eine ‚Systempartei', Teilhaber und Nutznießer derselben Demokratie erscheinen muss, die sie vor der Verelendung durch die Wirtschaftskrise nicht zu schützen vermochte".[10]

Wir finden hier als Attribute des Faschismus die nämlichen Eigenschaften beschrieben, die weiter oben als Merkmal des rechten, radikalen Populismus bezeichnet wurden: das autoritäre Gesellschaftsbild, der Nationalismus und als wichtigstes

---

9   Cas Mudde: The Far Right and the European Elections, in: Current History Magazine, Nr. 3/2014, in: http://works.bepress.com/cas_mudde/75 [1.2.2015].
10 Otto Bauer: Der Faschismus, in: Wolfgang Abendroth (Hg.): Faschismus und Kapitalismus. Theorien über die sozialen Ursprünge und die Funktionen des Faschismus. Frankfurt/M. 1967, S. 156.

die Diskreditierung des Parteienstaats als ein korruptes, elitäres, gegen das Volk operierendes System.

Populismus und die Krise der Demokratie

Indem der Populismus hier ansetzt, bringt er den im Kapitalismus herrschenden strukturellen Gegensatz zum Ausdruck, dass in der Demokratie angeblich alle gleich sind, während die wirtschaftliche Ordnung die Macht sehr ungleich verteilt. Populismus ist so ein Symptom für die Schwierigkeit, zwischen diesen beiden entgegengesetzten Wirklichkeiten des Kapitalismus zu vermitteln, und wo der Populismus anwächst, ist er das Zeichen einer ernsten Krise der Demokratie.

Ein politischer Diskurs, der sich aufmacht, populistisch zu werden, startet als Outsider gegenüber dem herrschenden Diskurs. Seine Art zu sprechen ist provokant, bisweilen aggressiv. Er bricht Tabus, spricht aus, was im herrschenden Diskurs korrekterweise nicht ausgesprochen werden kann. Doch liest man die Programme populistischer Parteien, stößt man sofort auf ihren bieder konformistischen und konservativen Charakter. Daran zeigt sich, dass es beim Populismus nicht um die triviale Feststellung geht, dass er sich an das Volk richtet. Sofern sein Diskurs rebellisch ist, handelt es sich um eine Rebellion auf der Basis der bestehenden Ordnung. Populismus ist eine konservative Rebellion, die ebenso wie die konservative Rebellion des frühen Faschismus das Gegenprogramm zur Linken ist.

Daher funktioniert Populismus als politischer Stil nur für die Rechte, selbst wenn einzelne Politiker der Linken fallweise versucht haben, sich seiner zu bedienen. Das adäquate Symbol des Populismus ist nicht die erhobene, sondern die in der Hosentasche geballte Faust. Alles soll besser werden, indem es gleichbleibt. Die Volkstümlichkeit des Populismus besteht darin, die sichtbaren Auswüchse zu kritisieren, das heißt, Ungleichheit und Krise so zu behandeln, als hätten sie ihre Ursachen ausschließlich im politischen System und seinen Repräsentanten, nichts mit der Vermögensungleichheit und der Eigentumsordnung zu tun, die auch die Populisten als selbstverständlich voraussetzen. Das Bekenntnis zu den Prinzipien der Marktwirtschaft und zum Schutz des Privateigentums ist bei der Freiheitlichen Partei Österreichs bereits in der Präambel ihres Parteiprogramms verankert und wird im Programm des Front National so selbstverständlich vorausgesetzt, dass es nicht einmal eines speziellen Hinweises bedarf.

Die gesellschaftliche Ungleichheit wird nicht einfach nur nicht in Frage gestellt. Die rechtsradikalen Populisten sehen diese natürliche Ordnung bedroht durch Multikulti, Kriminalität und Islamisierung. Ihnen werden alle Missstände angelastet. Eine Aufrüstung von Polizei und Justiz und die Wiederherstellung von

Autorität werden gefordert. Die Eigentümlichkeit der populistischen Opposition besteht somit darin, dass sie nicht verlangt, die herrschende Ordnung zu verändern, sondern im Gegenteil, sie will sie befestigen und gegen ihre Feinde aufzurüsten.

Populismus in der Krise des Neoliberalismus

Populisten betrachten die politische Linke als ihren Feind. Diese Opposition bildet den Kern ihres Diskurses. Wirtschaftspolitisch segelten sie bis vor wenigen Jahren im neoliberalen Mainstream. Für Jörg Haider beispielsweise stellte der Sozialstaat ein dekadentes System dar, das die Menschen in der Illusion wiege, „sich mit ihrer Abgaben- und Steuerleistung von jeglicher Mitverantwortung freikaufen zu können". „Die wirtschaftlichen und sozialen Besitzstände" seien (aber) nicht mehr zu halten, erklärte er seinen Anhängern und Anhängerinnen, daher werde „das individuelle Arbeitsleben wieder länger sein" und „der Sozialstaat zugunsten privater Vorsorge zurückgebaut werden (müssen)", um „den Missbrauch von öffentlichen Geldern, vom Gratis-Schulbuch bis zur Familienbeihilfe, ein[zu]dämmen".[11] Man könnte Zitat an Zitat in diesem Sinn aneinanderreihen.

Populismus dieser Art gedieh vor allem in Staaten, deren politische Systeme wie in Österreich durch die intensive Verflechtung von Parteien, Interessensverbänden und öffentlicher Wirtschaft geprägt waren. Ähnliche Konstellationen lassen sich in anderen Ländern, etwa den Niederlanden oder Belgien, zeigen, sodass es fast ein Jahrzehnt den Anschein hatte, dass jene rechtsradikale Parteien in Europa die breiteste Zustimmung erfahren, die radikale Marktwirtschafts-Ideologie mit autoritären, ethnozentrischen – sogar rassistischen – Botschaften koppelten.

Doch auf Wahlerfolge rechtsradikal populistischer Parteien folgten kurzlebige und wenig erfolgreiche Regierungsbeteiligungen. In den Niederlanden dauert das Regierungsabenteuer der Liste des ermordeten Populisten Pim Fortuyn gezählte 87 Tage, in Österreich sank der Stimmenanteil der FPÖ nach dreijähriger Regierungsverantwortung von 27 Prozent auf weniger als 10 Prozent, und drei weitere Jahre dauerte es, bis ihre Nachfolgepartei aus der Regierung ausschied. Die Ursachen für die Blamagen sind vielfältig, und das politische Personal, das in die Regierungen entsandt wurde, trug dazu das Seine bei. Vor allem aber war der populistische Diskurs der 1990er Jahre ein Oppositionsdiskurs, der sich mit Regieren auf neoliberaler Grundlage als nicht vereinbar erwies. Wohl konnte in der Kärntner Landespolitik, auf die sich Jörg Haider nach dem Scheitern der schwarzblauen Re-

---
11 Jörg Haider: Die Freiheit, die ich meine – Das Ende des Proporzstaates. Plädoyer für die Dritte Republik. Frankfurt/M., Berlin 1993, S. 153, S. 159 und 168f.

gierung konzentriert hatte, dieser Schein erzeugt und sogar einige Zeit aufrecht erhalten werden, der Preis bestand jedoch in einer kriminellen Finanzpolitik, die die Gerichte noch jahrelang beschäftigen wird.

Beweist das die Richtigkeit der These, dass die wirksamste Waffe gegen rechtsradikale Populisten darin bestehe, ihnen politische Verantwortung auszuliefern? Träfe das zu, müsste man erwarten, dass der Spuk mit dem Scheitern an der Verantwortung zu Ende gewesen wäre. Doch das Gegenteil traf zu. Im Zeitraum von Juni 1999 bis März 2011 hatten Parteien mit einem rechtsradikalen Hintergrund 155 Mandatare in 13 Parlamenten gewonnen.

Ab 2010 erleben wir einen neuerlichen, europaweiten Aufschwung populistisch rechtsradikaler Parteien. Doch in einer wesentlichen Hinsicht haben sie ihre Programme verändert. Der ursprünglich neoliberal ausgerichtete Charakter ihrer Programme ist durch einen „neo-sozialen Diskurs" ersetzt worden, wie man am französischen Front National zeigen kann. Auch die FPÖ entwickelte eine neue soziale Sensibilität und lehnt nun beispielsweise, im Gegensatz zum Lehrmeister Jörg Haider, die „Anhebung des Pensionsalters (als) völlig unsinnig"[12] ab. Die neoliberale Wolfsgesellschaft, in der die Beseitigung des Sozialstaats den „Tüchtigen und Anständigen" freie Bahn versprochen hat, vom Schriftsteller Peter Turrini treffend als „Feschismus" tituliert, wurde im aktuellen FPÖ-Programm gegen das Bekenntnis zum „Rechts- und Sozialstaat" ausgetauscht.

Doch nicht nur darum handelt es sich. Denn auch sozialpolitische Versprechen stellen Schuldscheine dar, die sich in Regierungsverantwortung als schwer einlösbar herausstellen können. Tatsächlich haben die Populisten ihren Programmen nicht einfach sozialpolitische Forderungen hinzugefügt, um damit einen neuen politischen Raum zu besetzen, sondern eine Kampfposition aufgebaut, von der aus sie das bisherige Verständnis von Sozialpolitik umstürzen wollen.

In keinem Bereich der Gesellschaft hat die europäische Linke so viel erreicht wie in der Sozialpolitik. Durch den Sozialstaat konnte sie die Elemente einer Solidargesellschaft durchsetzen. Obwohl der Marktwirtschaft ursprünglich von außen aufgenötigt, bildete der Sozialstaat schließlich die Bedingung ihres Zusammenhalts, was den entwickelten kapitalistischen Gesellschaften Europas im Systemwettbewerb mit dem osteuropäischen Kommunismus einen beträchtlichen Vorteil einbrachte.

Aber der prächtige Bau blieb unvollendet. Mit dem Scheitern einer Demokratisierung der Wirtschaft blieb der es tragende politische Kompromiss widerrufbar.

---

12 FPÖ: „Österreich im Wort – Auswahl und Zusammenfassung inhaltlicher Ziele der Freiheitlichen Partei Österreichs für die neue Legislaturperiode" (2013), in: www.fpoe.at/fileadmin/ Contentpool/Portal/wahl08/FP_-Wahlprogramm_NRW08.pdf [1.2.2015], S. 5.

Auf einen Teil der Welt beschränkt, zu wenig ambitioniert hinsichtlich der Beseitigung der Geschlechterungleichheit und wie die Arbeiterbewegung insgesamt anfällig für Bürokratisierung, drang durch jedes seiner Löcher und Spalten der Geist der Entsolidarisierung und unterminierte sein Fundament, das letzten Endes in der politischen Zustimmung der Bevölkerungen besteht. Doch um einen frontalen Angriff zu erlauben, war auch erforderlich, dass die Architekten sich selbst vom Geschaffenen distanzierten. Statt den Sozialstaat weiter zu bauen, begannen Sozialdemokraten unter dem Diktat leerer öffentlicher Kassen, selbst die Abbruchwerkzeuge in die Hand zu nehmen, und exakt zu einem Zeitpunkt, an dem die Krise die Zahl der Menschen vervielfachte, die seines Schutzes bedurften.

Erst damit öffnete sich auch der Raum für die Populisten. Vor allem in den Medien des Mainstream ist von einer Kombination „sozialpolitisch links einzustufender Positionen mit traditionell rechten Argumenten" und einer „Überwindung einer klaren Rechts-Links-Orientierung" die Rede. „Rechter und linker Populismus" gingen eine Verbindung ein. Doch das ist ein Irrtum. So schwankt das Programm des Front National nicht im Mindesten zwischen Rechts und Links. Seine Hauptkapitel heißen „Autorität des Staats", „Zukunft der Nation" „Gesellschaftlicher Neuaufbau" und „Neugründung der Republik". Die Reihenfolge selbst ist das Programm. Nicht die Gesellschaft bildet den Ausgangspunkt, von dem sich, wie in der Aufklärung, Nation und über diese der Staat herleiten, sondern umgekehrt: Hier ist es der Staat, der sowohl der Nation wie der Gesellschaft vorausgeht und übergeordnet ist. Der totalitäre Staatsentwurf wird abschließend und folgerichtig konkretisiert in einer neugegründeten Republik, in deren Zentrum der Präsident steht.

Doch den weltanschaulichen Überbau der Marktwirtschaft bildet bei den radikalen Rechten nicht mehr neoliberaler Individualismus, sondern ein neuer, autoritärer Gemeinschaftssinn auf Grundlage von Staat und Nation. Das nicht allzu erstaunliche Ergebnis ist, dass auch der Front National Frankreich auf unbestimmte Zeit ein Austeritätsprogramm verordnen will, um ein Nullbudget zu erreichen, allerdings nicht, wie die jetzige Regierung, um den Euro und Europa, sondern um den Staat und die Nation stark zu machen.

Es geht ihnen nicht ums „Volk", sondern um Macht

Der Konflikt zwischen neoliberalen Regierungen und populistischen Nationalisten ist trotzdem kein Theaterdonner. Hier geht es um Macht. Als Themen in einem solchen offenen Machtkampf eignen sich nicht mehr allein die für Populisten typischen Einzelpolitiken – Immigration, Korruption und Sicherheit –, sondern es geht um das Ganze, die Nation, die, so ihre Rhetorik, von den Eliten verraten wurde und durch das Volk gerettet werden müsste. Damit aber betreiben die Populisten eine Eskalation der politischen Auseinandersetzung, mit der sie die Gesellschaft entlang einer Frontlinie teilen: Hier das Volk, dort die Eliten.

Bisweilen wird beschwichtigend behauptet, dass sich die neue von der alten Rechten durch die Abmilderung ihrer demokratiefeindlichen Rhetorik und die Bereitschaft, sich an die Spielregeln zu halten, unterscheidet. Doch dieses Urteil ist vorschnell. Das populistische Mantra, „dem Volk die Politik zurückzugeben", zielt nicht auf eine Demokratisierung. Die etwa vom Front National im Falle eines Wahlsieges angekündigte Volksabstimmung über die Wiedereinsetzung der Todesstrafe ist nicht Demokratie, sondern eine Ersatzdroge. Populisten wollen die Macht mit niemandem, auch nicht mit dem Volk teilen. Ihr Ziel ist es, es auf eine neue Weise zu repräsentieren. Daher ist logisch, dass der Front National unter dem Titel „Eine Verfassungsreform für die Wiedererrichtung der Demokratie" als erstes die Verlängerung der Amtszeit des im politischen Systems Frankreich mit enormer Machtfülle ausgestatteten Präsidenten fordert.

Die Art, in der das Volk repräsentiert werden soll, ist die direkte und ausschließliche Beziehung zwischen Geführten und charismatischem Führer. Das autoritäre Führersystem wird als volksnahe Staatsform ausgegeben, weil angeblich einzig der Führer in der Lage sei, den Volkswillen durchzusetzen. Auch wenn es so nicht ausgesprochen wird, zu Ende gedacht ist die dafür adäquate Staatsform nicht die Demokratie, sondern die Diktatur, in der nach dem Prinzip regiert werden kann, „wer gegen den Führer ist, ist gegen das Volk".[13]

Die populistische Methode zu zeigen, ist das eine. Ihre soziale Funktion ist etwas anderes. Heutzutage haben sich europaweit die populistischen Parteien UKIP, FPÖ, FIDESZ, Front National, Wahre Finnen, Dänische Volkspartei, AfD etc. unter der Fahne des Nationalismus versammelt. In ihrer gemeinsamen Gegnerschaft zur europäischen Integration vereint, spielt keine Rolle, welcher der rechten Fraktionen im Europäischen Parlament sie sich angeschlossen haben.

Der auch in den Bevölkerungen anwachsende Nationalismus speist sich aus mehreren Quellen. Seine stärkste ist die Krise, die in der Wahrnehmung großer Teile der Bevölkerungen eine Krise der europäischen Integration geworden ist, weil Europa sich als unverständlich und fehlorientiert erweist. Das bildet den objektiven Hintergrund, auf dem „Volk" und „Nation" zu Schlüsselbegriffen des populistischen Diskurses werden. Hier schließt sich ein Kreis. So wie der Populismus im Allgemeinen Symptom einer grassierenden Krise der Demokratie ist, so zeigt das Anwachsen des Nationalismus die Sackgasse an, in die die autoritäre Austeritätspolitik die europäische Integration gelenkt hat.

---

13   Haider: Die Freiheit, die ich meine, S. 213.

Können die rechten Populisten an die Macht kommen?

Die Frage in dieser Allgemeinheit ist nicht mehr aktuell. In Ungarn regiert Viktor Orbàns FIDESZ bereits die zweite Periode mit absoluter Mehrheit und verfügt gemeinsam mit der ihr inhaltlich nicht allzu fernstehenden Nazipartei Jobbik über eine Zweidrittelmehrheit. In Belgien regiert seit Oktober 2014 eine Regierung unter Einschluss der rechtsnationalistischen *Neuen Flämischen Allianz* (NVA), die als stärkste Partei den Immigrations-, den Innen- und Verteidigungsmister stellt.

Ist aber vorstellbar, dass rechtsradikale Parteien in den mächtigsten Staaten Europas an die Macht kommen. Kann der Rechtsradikalismus mittels populistischer Methoden zur bestimmenden Kraft Europas werden? Frankreichs Front National wurde bei den Europaparlamentswahlen zur stärksten Partei. Marine Le Pens Chancen für die 2017 stattfindende Präsidentschaftswahl stehen nicht schlecht angesichts der Krise der französischen Gesellschaft und der Schwierigkeit, in der die Linke sich befindet. Doch Wahlresultate allein lassen keine eindeutige Antwort zu. Rechtsradikale Parteien sind offensichtlich in sehr unterschiedlichem Ausmaß in der Lage, sich der populistischen Klaviatur zu bedienen. Erfolge hängen von tiefer liegenden, gesellschaftspolitischen Faktoren ab.

In einer Gesellschaft, die durch Ungleichheit gekennzeichnet ist, muss sich auch die Krise ungleich auf die verschiedenen Teile der Bevölkerung auswirken. Von den unteren Schichten der Gesellschaft werden Krisen nicht einfach nur erlebt; sie werden erlitten: Arbeitsplätze, Lebensstandard und Zukunftspläne für sich und die Seinen sind in Frage gestellt. Das neoliberale Gerede davon, dass eine Krise auch eine Chance darstellt, muss für Menschen, die Arbeit und Wohnung verlieren, wie Hohn klingen. Doch Wohlstand und Sicherheit waren die Versprechen sowohl des Sozialstaats und später des neoliberalen Wettbewerbsstaats. Erweisen sich die einander in der Regierungsverantwortung ablösenden Parteien als unfähig, diesen Zustand aufrecht zu erhalten oder wiederherzustellen, und steht auch keine glaubwürdige linke Alternative zur Wahl, verlieren nicht nur sie, sondern das gesamte politische System seine Glaubwürdigkeit. Das ist die Situation, in der jene Sorte politischer Nachfrage entsteht, die die Populisten bedienen.

Anders als für die unteren Schichten der Gesellschaft stellt sich eine Krise für die gesellschaftlichen Eliten dar. Die Bedrohung, die sie wahrnehmen, ist politischer Natur. Die Wirtschaftskrise ist Indikator dafür, dass die bisherige Form wirtschaftlicher und gesellschaftlicher Regulierung nicht mehr funktioniert. Änderungsbedarf besteht. Der Vertrauensverlust in der Bevölkerung übersetzt sich für die Eliten in Gefährdung der Regierungsfähigkeit. Für die Eliten bedeutet das allerdings tatsächlich Gefahr und Chance in Einem.

Einen Zustand, in dem die unteren Schichten der Gesellschaft nicht in den bisherigen Umständen weiter leben wollen, und die oberen nicht so wie bisher weiter regieren können, kann man eine allgemeine gesellschaftliche Krise nennen. Viele Anzeichen sprechen dafür, dass Europa sich am Beginn einer solchen gesellschaftlichen und politischen Krise befindet. Autoritärer Kollektivismus und nationalistische Abschottung füllen bereits heute eine Lücke, die die Diskreditierung des neoliberalen Individualismus und der europäischen Integration im Zuge der Krise hinterlassen hat. Dass damit Anhängerschaften mobilisiert werden können, die von den verelendeten und verunsicherten Unterschichten bis ins wohlbestallte Bürgertum reichen, kann man den jüngsten Wahlergebnissen entnehmen. Die Frage lautet aber, ob die rechtsradikalen Populisten auch in der Lage sind, in einer dramatisch verschärften Lage eine politische Stabilisierung der herrschenden Ordnung in Aussicht zu stellen (wie einst Hitler der deutschen Großindustrie)? Kann ihr Nationalismus heute mehr sein als Opium für das Volk, das soziale Integration durch Stärkung der nationalen Gemeinschaft gegenüber äußeren und inneren Feinden simuliert? Und wenn der rechtsradikale Populismus eine Regierungsoption in mehreren einflussreichen Staaten darstellt, kann der von ihm vertretene Nationalismus auch eine Blaupause für die Neugestaltung der zwischenstaatlichen Beziehungen in Europa abgeben?

Noch sind wir in Europa von einem solchen Szenario entfernt. Nimmt man die letzten Europaparlamentswahlen zum Maßstab, stellt der Nationalismus eine Minderheit dar, allerdings eine, die deutlich angewachsen ist und in alle Sektoren des politischen Spektrums ausstrahlt.

Europa an der Wegkreuzung

Mit einer weiteren Verschärfung der europäischen Krise werden unterschiedliche Szenarien denkbar. Eines davon könnte darin bestehen, dass die Wege europäischer Staaten wieder in unterschiedliche Richtungen führen. Dies wäre einerseits der Fall, wenn sich in einzelnen von ihnen die nationalistische Option innerhalb der herrschenden Klasse durchsetzt und mittels des Populismus ihre politische Konkurrenten besiegt. Andererseits könnten aber in mehreren Staaten im europäischen Süden Parteien vom Typ der griechischen SYRIZA an die Macht kommen, die der über die Institutionen der EU vermittelten Austeritätspolitik den Gehorsam verweigern. Kommt es zu keiner Kursänderung der EU wäre im einen wie im anderen Fall eine Krise der europäischen Institutionen wahrscheinlich, dessen Ergebnis schwer voraussagbar ist. Es könnte in dem von den Nationalisten gewünschten Rückbau der EU in eine Freihandelszone bestehen, in der die als nationale Wettbewerbsgemeinschaften organisierten Staaten auf eigene Rechnung und mittels niedriger Lohn- und Steuerniveaus um die Gunst international deregulierter Finanzmärkte konkurrieren.

Es könnte in einem Auseinanderbrechen der Union in mehrere Blöcke bestehen, deren mächtigster sich um das wirtschaftliche und politische Kraftzentrum Europas, das neuerlich vereinigte Deutschland, zusammenschließt und über den Rest Europas eine mehr oder weniger freundliche Hegemonie ausübt. Das Entstehen einer relevanten rechtspopulistischen Partei in Deutschland deutet an, dass eine solche Perspektive durchaus in Erwägung gezogen wird.

Wir sollten uns keiner Illusion dahin gehend hingeben, dass unter diesen Umständen ein beträchtlicher Teil der österreichischen Eliten sich für eine wie immer geartete Anbindung an das hegemoniale Deutschland aussprechen würde. Der Zusammenbruch der europäischen Integration wäre die Stunde der FPÖ und ihres Deutschnationalismus, wie umgekehrt ein Sieg der FPÖ in Österreich die Waagschale in Deutschland nach rechts neigen könnte.

Aus österreichischer und aus europäischer Sicht wäre das Scheitern der europäischen Integration ein negatives und gefährliches Szenario, das vor allem der radikalen Rechten nützt. Wirtschaftlich und sozial sind darin keine Vorteile zu erkennen, doch deutlich zeichnen sich in ihm das Risiko einer neuerlichen politischen und militärischen Konfrontation europäischer Mächte ab. Denkbar wäre allerdings auch, dass der Ausweg aus der Krise der europäischen Integration durch einen Bruch der sie derzeit beherrschenden neoliberalen Logik gefunden wird. Dieser bestünde in der Herstellung einer europäischen Solidargemeinschaft durch Herstellung der politischen Souveränität der Völker gegenüber den Transnationalen Konzernen auf europäischer Ebene. Erforderlich wäre dazu neben anderem eine Demokratisierung der europäischen Institutionen auf Grundlage neuer europäischer Verträge.

Der Kampf ist weder in der einen noch der anderen Richtung entschieden. Viel wird davon abhängen, welche Option sich innerhalb der beiden stärksten Staaten der Europäischen Union, Deutschland und Frankreich, durchsetzen wird. Das neuerliche Erstarken rechtsradikaler Parteien, deren Charakteristik in der Verbindung von autoritärem Gesellschaftsbild, Nationalismus und populistischen Methoden der Politik besteht, ruft den engen Zusammenhang zwischen Demokratie und europäischer Integration in Erinnerung. Beider Zukunft wird davon abhängen, ob es der wieder erstarkenden Linken gelingt, einen sozialen und solidarischen Ausweg aus der Krise zu zeigen, dafür Bündnispartner in Gewerkschaften sozialen Bewegungen zu finden, und dadurch mehrheitsfähig zu machen. SYRIZAs Wahlerfolg und die Bildung der Regierung unter Alexis Tsipras zeigt, dass eine solche Wendung möglich und verwirklichbar ist.

Europa steht an einer Wegkreuzung, und die Entscheidungen, die jetzt in einigen Staaten und auf der Ebene der EU zu treffen sind, werden seine Richtung auf lange Zeit bestimmen. Der Kampf wird längst nicht mehr an den Rändern des politischen Spektrums geführt, sondern um die Mehrheit und die Mitte der Gesellschaft.

Autoren:

Walter Baier, Sozialwissenschaftler und Koordinator von *transform! Europe*

Michael Graber, wirtschaftspolitischer Sprecher der KPÖ

Manfred Mugrauer, wissenschaftlicher Sekretär der *Alfred Klahr Gesellschaft*

Siegfried Sanwald, wissenschaftlicher Mitarbeiter des *Dokumentationsarchivs des österreichischen Widerstandes*

Der Erste Weltkrieg und das Entstehen der revolutionären Linken in Österreich

Der Historiker **Hans Hautmann** leistet mit dieser Broschüre nicht nur einen wertvollen Beitrag zur Geschichte der österreischischen Linken und der KPÖ, sondern gibt auch politische Anregung, über scheinbar Altes neu nachzudenken.

116 Seiten, A5, Euro 5,–

Die KommunistInnen 1918 – 2008
Ein Essay von Walter Baier

Die Broschüre, erschienen zum 90 Geburtstag der KPÖ, erzählt in kompakter Weise die widersprüchliche Geschichte des Kommunismus in Österreich und legt damit einen Grundstein für ein neues Verständnis unserer Bewegung.

100 Seiten, A5, Euro 3,50

Zu beziehen beim Bundesvorstand der KPÖ:
bundesvorstand@kpoe.at
1140, Drechslergasse 42

01/503 65 80
www.kpoe.at

Widerspruch kann abonniert werden.

Volksstimme
Politik und Kultur : Zwischenrufe links

Die Volksstimme erscheint 10 mal im Jahr. Engagiert, unangepasst und auf Wunsch ganz bequem in Ihrem Postkasten.

Jetzt Abo bestellen:
0676 6969009 oder abo@volksstimme.at